香部屋係のハンドブック

——主よ、どこに過越の準備を——

［改訂新版］

白浜　満・齊藤賀壽子　共著

イラスト　高崎紀子

教友社

推薦のことば

長崎大司教区　ヨセフ　髙見三明大司教

　典礼は、あらゆる教会活動の泉であり頂点ですから、キリスト者の生活の中心です。そのため、第二バチカン公会議は、まず典礼の刷新を行うことから始めました。公会議の典礼刷新は、それまで複雑しかも画一的だった典礼のあり方を典礼学と現代への適応という点から見直すだけでなく、とくに会衆の意識的で積極的な参加を促進することにありました。ところが、最近、典礼はできるだけ簡単に早く済ませるという傾向が見られるように感じます。ただ時間をかければよいということではありませんが、まず「神への信仰と愛の心をこめて」典礼を執行し、あるいはそれに参加することが大切です。そうであれば、「丁寧に、ゆっくり、美しく」ということを心がけるのは当然ではないでしょうか。

　そのような典礼の執行と参加をよりスムースに、より充実したものとするために香部屋係の役割は決して小さくありません。この度、香部屋係のハンドブックが世に出ることになりました。これまではいわゆる「侍者」のための手引きとかガイドブックはありましたが、香部屋係のハンドブックは初めてではないかと思います。これは、福岡サン・スルピス大神学院典礼学教授の白浜満神父様が『カトリック新聞』に連載した記事と、長年、香部屋係として細やかな奉仕に務められた齊藤賀壽子

さんの体験メモとが一つになったものです。つまり、理論と実践が見事
に組み合わされており、具体的ですので、大変重宝だと思います。著者
のご両人に感謝の意を表すとともに、本著が教会や修道院などで大いに
利用されることをお奨め致します。

　　　2004 年 5 月 3 日

まえがき

　感謝を込めて――

　　　　　御受難修道会ファミリー・メンバー　齊藤賀壽子

　もう30年くらい前に、私は東京大司教区聖マリア大聖堂の香部屋係を務めさせていただいたことがあります。その当時は、第二バチカン公会議の『典礼憲章』が発布された直後で、それに準じて行なわれることになった国語による典礼刷新のために、神父様方が尽力しておられた時代でした。この時期に私は、故岡野利男師、故関戸順一師をはじめ、当時の関口小教区主任司祭・岸忠雄師、また御受難修道会の國井健宏師より、多大なご指導をいただき、香部屋係の務めを果たすことができました。このような機会が与えられなかったら、今の私は無かったと痛感しています。

　こうして、第二バチカン公会議後に、典礼面での新しい養成を受けながら、香部屋係として典礼奉仕に携わる機会が与えられたことは、私にとって、教会の典礼的な遺産に触れる大きな恵みの機会となりました。これが、宗像市の福岡黙想の家で香部屋係の務めを果たしていく大きな力となりました。約30年間を通して培われてきた私の典礼的なセンスも、第二バチカン公会議後の典礼刷新の時代に体験したことが、その基盤となっていることを思うと感謝と喜びの気持ちで一杯です。

御受難修道会の福岡黙想の家が、福岡市内より宗像市の現在の場所へ移転された 1989 年から、私は約 8 〜 9 年間、典礼面での仕事を担当させていただきました。当初は、ゼロから始める状況でしたが、失敗と工夫を繰り返しながら、香部屋係の務めを続けてきました。限られた時間の中でより効果的に典礼の仕事を果たしていくためには、金銭の出費を少なくするには、どうすればよいのかといつも心にかけてきました。祈りの中で聖霊は沢山のヒントをくださいました。それを実行して形に表わし、またさらに新たな知恵を得ながら、自分なりに創意工夫をこらして、楽しく奉仕を続けて来ることができたのは大きな感謝です。

香部屋係は、人目につかない準備段階での典礼奉仕です。でもこのような小さい奉仕が、間接的ではあっても教会の交わりの神秘によって、大祭司キリストの救いのわざに参与するものであることを分からせていただいてからは、一生懸命に心と体と知恵を使って果たすように励まされる思いが、いつも私の中にあり、心を込めて香部屋係の務めを果たすよう心がけてきました。マンネリ化した行為にならないよう自分に言い聞かせ、詩編や聖歌の言葉を口ずさんだり、心に浮かんでくる祈りをささげて、聖霊の助けを願いながら奉仕を行なってきました。また、キリストの御血にふれるプリフィカトリウム（カリス拭き）やコルポラーレには、キリストが御自分のいのちをささげて示してくださった愛、いつくしみ、やさしさ、温かさを想いながら、一枚一枚にアイロンを掛けてきました。私は、このような心構えを通して、「奉仕する喜び」を感じることができました。

こうした香部屋係の奉仕を続けて行く中で、私は当時の院長畠神父様の依頼を受けて、後任担当者のため、引き継ぎのノートを残すようになったのです。このノートは手書きの状態でファイルに入れられ、今も黙

想の家で用いられていますが、2003年の夏休み前に、福岡サン・スルピス大神学院で典礼学を教えておられる白浜神父様に見ていただく機会がありました。それは、私が一人の友人といっしょに、カトリック新聞に連載された神父様の「典礼をやさしく学ぼう」の記事を切り取り、自分たちの感じたことをコメントして差し上げたのがきっかけでした。

その際に、白浜神父様は、長年の体験を踏まえて書き留めた、私のメモが貴重なものであり、典礼奉仕の知恵が風化しないよう、自分がこれまで書いてきた記事の一部といっしょにして、香部屋係のハンドブックのようなものをまとめてみたいとおっしゃってくださいました。私は、このような勧めをありがたく受け入れ、御受難修道会の了解を得て、私の残したメモが少しでもお役に立てばと思い、神父様にお任せした次第です。

その後、白浜神父様は、私のメモの中から役に立つ部分を選んで修正し、このハンドブックの第二章：日常の配慮、第四章：季節の典礼の準備、および第六章：洗濯と管理の部分に上手に組み入れながら、この本をまとめてくださり、共著という形で出版することにしてくださいました。計らずも、私のメモに心を留め、このような形で生かしてくださった白浜神父様に感謝したいと思います。 そしてこのハンドブックが、多くの人々の典礼奉仕に役立つものとなるように願っています。

　2004年12月8日

目　次

推薦のことば（ヨセフ　髙見三明大司教）　3

まえがき（齊藤賀壽子）　5

第一章　予備知識 ……………………………………… 13

1― 香部屋係とは　15

2― 典礼の感覚性　16

　A：典礼を行う場所　18

　B：典礼で用いる祭具　20

　C：典礼で用いる祭服　27

3― 典礼の周期性（典礼暦年）　37

第二章　日常の配慮 ……………………………………… 43

1― 典礼備品の購入　45

2― 聖水の準備　46

3― ろうそくの準備　47

4― 香・香炉の準備　50

5― 生け花の準備　52

第三章　通常のミサの準備 ……………………………… 55

1― 祭服の準備　57

2─朗読台布・聖櫃布の取り替え　60

3─朗読聖書の準備　60

4─祭具の準備　60

第四章　季節の典礼の準備 ………………………………… 65

1─待降節　67

2─降誕節　69

3─四旬節　73

4─聖なる過越の三日間と復活節　79

第五章　種々の祭儀に必要な準備 ……………………… 87

1─成人のキリスト教入信式　89

2─幼児洗礼式　90

3─ゆるしの秘跡　91

4─結婚式　92

5─病者の塗油　93

6─通夜・葬儀　93

7─聖体賛美式　95

8─その他の儀式　95

第六章　洗濯と管理 ……………………………………… 97

1─聖布の洗濯とアイロンがけ　99

2─祭壇布・祭具台の布類の洗濯と管理　103

3─祭服の洗濯と管理　104

第七章　典礼と奉仕 ……………………………………… 107

1─典礼とは　109

2— 典礼の挙行者・奉仕者　111

3— 典礼奉仕の心　114

引用・参考文献　117

あとがき（白浜　満）　119

改訂新版によせて　122

❖編集にあたって

①本書に引用されている聖書箇所は、すべて日本聖書協会の『聖書 新共同訳―旧約聖書続編つき―』からのものです。

②本書に引用されている『ローマ・ミサ典礼書の総則』は、2002年に 発行された新しい総則です。カトリック中央協議会から出版された 『ローマ・ミサ典礼書の総則』（暫定版）を参照しました。なお、本書 の改訂新版第2版（2024年）の編集にあたって、カトリック中央協 議会発行『ミサの式次第（2022新版)』に掲載されている「ローマ・ ミサ典礼書の総則」に基づいて、前掲『ローマ・ミサ典礼書の総則』 （暫定版）の文言を修正しました。

③本書の第一章2のB：「典礼で用いる祭具」とC：「典礼で用いる祭 服」および第三章「通常のミサの準備」は、カトリック新聞に連載さ れたシリーズ『典礼をやさしく学ぼう』の記事（5・6回目、60・61回 目、63・65回目）から転載させていただき、部分的に修正・加筆した ものです。

　　また、サンパウロ発行『家庭の友』の「なんでも質問箱」のコーナー に執筆した二つの記事「祭服の色について」（1992年2月号）、「枝の 主日の枝について」（2001年4月号）を、本文中に挿入させていただ きました。

④本書の改訂新版第2版（2024年）の編集にあたって、日本カトリッ ク典礼委員会より公布された「四旬節・聖なる過越の三日間・復活節 の典礼に関する補足事項」（2018年1月11日）を参照させていただ きました。

第一章
予備知識

第一章　予備知識

1― 香部屋係とは

　過越祭が近づいていた頃、弟子たちはイエスに申し出ました。「どこに、過越の食事をなさる用意をいたしましょうか」（マタ 26・17）。――弟子たちは、イエスの言葉に従ってその準備を行いましたが、「最後の晩さん」となったこの食事の中で、イエスは聖体の秘跡を制定され、ご自分の新しい過越（死と復活）の記念として祝い続けるよう、お命じになりました。

　香部屋係は、過越の食事の準備を申し出た弟子たちのように、イエスの救いのわざを記念する典礼のため、その準備段階の奉仕に携わる係です。香部屋係は、今も教会の典礼を通して祝われ、その中で現在化されているキリストの救いの神秘への隠れた奉仕者ということができます。どうして「香部屋係」という名称で親しまれるようになったのでしょう。

　「香」は、宗教行事で用いられる代表的な用品の一つとして知られています。例えば仏教において、香を焚き、花を供え、ろうそくの灯火で照らすことは、ご仏前における最小限の供養の行為とされ、香をかおらせる香炉（こうろ）、花を供える華瓶（けびょう）、灯りをともす燭台（し

ょくだい）は、三つ具足（みつぐそく）と呼ばれています。

　教会の典礼においても、香、花、ろうそく等は、神への礼拝、賛美、信仰を表すしるしとしてよく用いられていますが、香炉の火種を準備し取り換えるため、奉仕者が出入りしていた部屋を「香部屋」と呼ぶようになりました。そして次第に、香炉だけではなく、典礼に用いる祭具や祭服などを収納する部屋が、「香部屋」という名称で親しまれるようになったようです。そのため香部屋係は、典礼のために用いる祭具や祭服、その他必要なものの準備や後片付け、またこれらのものの管理を主な役割とする務めということができます。

　このような香部屋係としての奉仕を行っていくため、典礼で用いる感覚的なしるし、とくに典礼を行う場所、主な祭具や祭服について、まず学びましょう。

2― 典礼の感覚性

　典礼では、目に見えない神の働きや恵みを示すために、「感覚的なしるし」が用いられます。『カトリック教会のカテキズム』（1146）は、人間の生活における物質的なしるしの重要な役割を、次のように説明しています。

　「人間は、物質的なものであると同時に精神的な存在ですから、物質的なしるしや象徴を通して精神的なものを表したり、知覚したりします。また、人間は社会的存在として、他人との意志疎通のために、ことば、身振り、行為によるしるしや象徴を必要とします。神との関係についても同様のことがいえます。」

　神と人間の出会い・交わりの場である典礼でも、物質的（感覚的）なしるしを用いますが、主に次のようなものがあります。

（1）聖書（神のみことば）

　聖書（神のみことば）が信者の集いの中で朗読されるとき、神（キリスト）の語りかけ（啓示）が行われる感覚的なしるしとなります。典礼では、信者の回心を促し信仰を養うために、聖書は不可欠な要素です。

（2）ことばと動作

　典礼で用いられる式文（ことば）や動作は、神と人間の出会い（対話）を表現するものとして、また神の民が心を合わせて、神を礼拝する祈りとして用いられます。これらのことばや動作を式の流れに従ってまとめたものを、典礼書とか儀式書と言っています。歌や音楽も、神への賛美の荘厳な表現として重要性を持っています。

（3）諸秘跡に固有なしるし

　諸秘跡が執行される時に、それぞれに固有なしるしが用いられます。例えば、ミサのためのパンとぶどう酒、洗礼を授けるための水、病者の塗油に用いるオリーブ油など。また同時に、そのしるしの意味を明らかにする固有なことば（祈り）が唱えられます。こうしてそれぞれの秘跡に固有なしるしとことばによって、目に見えない神の働きとその恵みが示され、実現されることになります。

（4）典礼の場所・祭具・祭服

　典礼においては、その他にも、教会堂、祭壇、朗読台、十字架、ろうそく、香、花、聖画像、イコン、ステンドグラス、祭具、祭服など多くの感覚的なしるしを用いて、すべてのものの創造主である神の存在を感じさせ、その恵みを示そうとしています。

　ここでは、香部屋係の奉仕に関連がある、典礼を行う場所、典礼に用いる祭具や祭服について見て行きましょう。

Ａ：典礼を行う場所

教会堂

教会堂は、キリスト者が集い、ともに祈る場所として発展してきました。最初は、「家ごとに集まってパンを裂き……神を賛美していた」（使2・46-47）ようですが、次第に教会共同体の発展に伴い、キリスト者は各地に固有の教会堂を建て、そこに集まって典礼祭儀を行うようになりました。時代や地域の文化的な背景の違いから、これまでに建てられてきた教会堂の建築様式はさまざまですが、神の民が集って「聖なる祭儀を行うため、また、信者の行動的参加を得るために適したもの」（『ローマ・ミサ典礼書の総則』288）であるように整えられる必要があります。

内陣と信者席

教会堂には、通常、信者が集う「信者席」と「内陣」と呼ばれる場所があります。内陣とは「祭壇が据えられ、神のことばが告げられ、司祭と助祭および他の奉仕者がその任務を果たす場所」（『ローマ・ミサ典礼書の総則』295）のことです。この内陣は、とくに「感謝の祭儀を支障なく行うことができ、それが見える」（同）ように、信者席から適当に区別されることになっています。

祭壇

ヘブライ人への手紙（13・10-12）で、キリストご自身が天の神殿の生きた一つの祭壇であり、また、そこにある食べ物（いけにえ）である

第一章　予備知識　19

ことが教えられています。祭壇は、キリストがわたしたちの救いのために その身を渡し、旧約のいけにえを終わらせた十字架上での奉献（死） を示すものです。また、パンとぶどう酒の形態のもとに、この自己奉献 の記念を残された最後の晩さんの食卓を思い起こさせるしるしでもあり ます。このように、キリストご自身の奉献を表す祭壇は、「会衆に対面 して祭儀を行うことができ」、また、「信者の全会衆の注意がおのずから 集まる真に中心となる場所」（『ローマ・ミサ典礼書の総則』299）に一 つだけ据えられることになっています。

十字架

祭壇の上方（後方）、あるいは祭壇の近くに磔刑のキリストの像がつ いた十字架を置き、会衆からよく見えるようにします。「こうした十字 架は、救いをもたらす主の受難を信者の心に思い起させる」（『ローマ・ ミサ典礼書の総則』308）ためのものです。祭壇で行われることが、十 字架上で行われたキリストご自身の奉献（いけいえ）であることを示す ために、祭壇の上方（後方）または祭壇の近くに置かれます。

朗読台

神のみことばを告げ知らせるため、内陣のふさわしい場所に、一つの 朗読台が置かれます。信者も、叙階された奉仕者である助祭、司祭も、 朗読台からのみ聖書の朗読を行います。また朗読台では、答唱詩編や復 活賛歌を歌い、説教を行い、共同祈願の意向を唱えることもできます （『ローマ・ミサ典礼書の総則』309 参照）。

朗読台はことばの典礼の中心となる場であり、「神のみことばの食卓」 と言われることもあります。

司祭・助祭・他の奉仕者の席

司式司祭の席は、「集会を司式する任務と、祈りをつかさどる任務とを」(『ローマ・ミサ典礼書の総則』310)表すため、会衆に対面した内陣のふさわしい場所に設置されます。また司式者の席の近くに助祭の席が設けられ、他の奉仕者(侍者)の席は、教役者(司祭・助祭)の席から明確に区別された場所に置かれます。

聖歌隊の席

聖歌隊の席は、それぞれの教会堂の配置を考慮して、その場所を定めなければなりませんが、聖歌隊は、その本来の性格からして会衆の一部です。聖歌隊員の各自が祭儀に行動的に参加でき、また会衆の中にあってその務めを容易に果たすことができるような場所に、聖歌隊の席が設けられることになります(『ローマ・ミサ典礼書の総則』312 参照)。

聖櫃と聖体ランプ

病者に運んで行く聖体を保存するため、また聖体礼拝・聖体訪問を行うことができるように、祭儀を行う祭壇から離れた内陣内のふさわしい場所、あるいは他の小聖堂に聖櫃が設置されます。そして、その中に聖体が実際に安置されている場合、聖櫃の近くには特別なランプが灯されることになっています(『ローマ・ミサ典礼書の総則』315-316 参照)。

B：典礼で用いる祭具

祭具や祭服の名称は公式に日本語化されていないため、いくつかのものに関しては、ラテン語の名称をそのまま使用します。

パラ（Palla）【図1】

パラは、小さなごみやほこりがぶどう酒の中に入らないように、カリスの上にのせる硬めの四角い覆いのことです。

パテナ（Patena）

パテナは、ミサの中で司祭が用いる大きめの種なしパンをのせて供え、聖別し、拝領するために用いる小さな受け皿のことです。カリスとセットになっている場合が多いようです。

【図1】

カリス（Calix）

カリスは、ぶどう酒を入れて供え、聖別し、拝領するために用いる杯のことです。イエスが最後の晩さんに用いた杯を想起させます。

プリフィカトリウム（Purificatorium）【図2】

プリフィカトリウムは、拝領のときにキリストの御血がこぼれないようカリスに添えて用いたり、またカリスに水を注いでふくときに用いる長方形（三つ折り）に畳んだ白い麻布のことです。

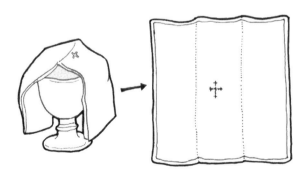

【図2】プリフィカトリウム

ピクシス(Pyxis)【図3】

　ピクシスとは、聖体を保存するために用いるふた付きの容器のことです。信者の拝領のために小さな種なしパンを入れて準備し、また聖別の後、信者に聖体を分配するときにも用います。また、ピクシス(Pyxis)は、通称チボリウム(Ciborium)と言われることもあります。ピクシスとチボリウムは同じ容器を表す名称です。

　なお、病者に聖体を運ぶために使う携帯用の容器は、テカ(Theca)と呼ばれます。【図4】

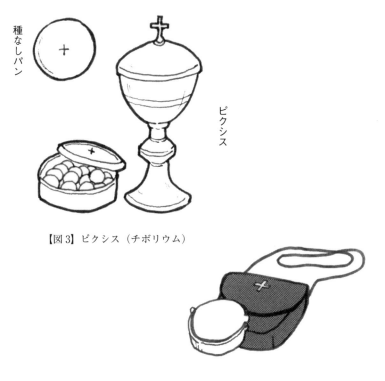

【図3】ピクシス(チボリウム)

【図4】テカ

コルポラーレ（Corporale）【図5】

　コルポラーレは、キリストの御からだとなったパンを分割するときに、パテナから落ちる小さなパンの破片や、カリスを倒したりしてこぼれる危険のあるキリストの御血を保護するため、カリスやパテナの下に敷く四角い麻布のことです。九つに折れるようになっていて、中央には十字架の印が付けられています。コルポラーレは、キリストの遺骸を包んだ「聖骸布」（せいがいふ）を象徴しています。

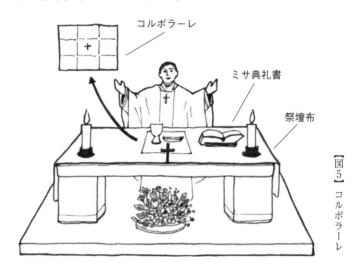

［図5］コルポラーレ

ミサ典礼書（Missale：ミッサーレ）

　ミサを司式するための式文、祈願文、動作などを記している儀式書のことが、ミサ典礼書と呼ばれています。

祭壇布（Mappa：マッパ）

　マッパは、祭壇を覆う少し厚手の食卓布のことで、祭壇が食卓であることを思い起こさせます。祭壇には、少なくとも一枚の白い色の祭壇布を掛けることになっています（『ローマ・ミサ典礼書の総則』304 参照）。伝統的に祭壇布には麻が用いられますが、適当であれば白色の化学繊

【図6】ウルセオルス

維を用いることもできます。

ぶどう酒入れ・水入れ（Urceolus：ウルセオルス／Ampullae：アンピュレ）【図6】

ぶどう酒や水を入れて、カリスに注ぐ水差しあるいは小さなビンのこと。「ヨハネの黙示録（17・15）によれば、『水』は『人々』であり、信じる民のかしらであるキリスト（ぶどう酒）との一致の象徴」（『カトリック教会文書資料集』1748）として、ミサではぶどう酒の中に少量の水を注ぐことになっています。わたしたちがキリストの自己奉献にあずかって、キリストとともに自分自身を奉献するよう招かれていることを表しています。

【図7】手洗い用器

手洗い用器（Pelvis：ペルヴィス／Vas aquae：ヴァス・アクエ）【図7】

ミサの中で司祭が手を洗うために用いる器のこと。奉仕者がいないため、司祭が一人で洗わなければならないような場合には、最初から器に水を入れておき、そこに手（指先）を入れて洗います。けれどもしるしの観点から、奉仕者が水差しをもって司祭の手に水を注ぎ、その受け鉢としてこの器を用いる方が、よりシンボリックであると言われています。そのために、ぶどう酒に注いだり、カリスを洗ったりするための水入れと、司祭が手を洗うために用いる水入れを分けて準備するようにします。

手拭き (Manutergium：マヌテルジウム)【図8】

司祭が手をふく麻布のこと。白いタオルを代わりに使用することもできます。

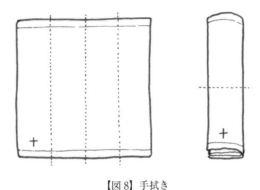

【図8】手拭き

香炉 (Thuribulum：トゥリブルム) と香舟 (Navicula：ナヴィクラ)【図9】

香炉は、炭火を入れて香をたく金属製の小さな炉のことです。移動させて振ることができるように長い鎖でつり下げられています。香舟は、小舟の形をした香を入れる容器で、香を炭火にくべるための小さなさじが付いています。

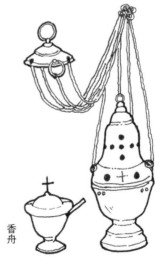

【図9】香炉と香舟

【図10】灌水器

【図11】行列用十字架

灌水器（かんすいき）【図10】

灌水器は、祝福された水（＝聖水）を入れる器（聖水器：Vas aquae benedictae）と、聖水を頭部に含ませて人や物、場所などに掛けるための短い棒（Aspersorium）からなっています。

人に聖水を掛けるのは、すでに受けた洗礼の秘跡を思い起こさせ、その恵みに生きて行こうとする心構えを強めて、信者の内面的な態度をよりよく準備させるための祈りの手段です。また、信心用具や建物などの祝福式で聖水を掛けるのは、神が与えてくださったものを、感謝のうちに、神の国のためによりよく用いて行こうとする心構えを、信者の中で準備させるための祈りの手段です。

行列用十字架（Crux processionis：クルス・プロセッシオニス）【図11】

行列を先導するために用いる長い棒が付いている十字架のこと。それには通常、磔刑のキリストの像が付けられています。この十字架は、祭儀中には祭壇の近くの適当な場所に立てられることになります。そのために十字架を固定する台もあります。

小鐘（Campanulla：カンパヌラ）【図12】

ミサの中で用いる小鐘には、鐘が一個のもの、あるいは複数個鈴なりに付いているものがあります。奉献文の中で、司祭がパンとぶどう酒の聖別の言葉を唱える少し前、つまり「聖霊の働きを願う祈り」のとき、また聖別されたパンとぶどう酒を会衆に示すとき、奉仕者は適当であ

れば、信者の注意を促すために小鐘を鳴らすことができます(『ローマ・ミサ典礼書の総則』150 参照)。とくに聖堂が大きく司祭の行為が見えにくい場合には小鐘を用いますが、そうでない場合にはむしろ小鐘の使用を避け、静寂の中で礼拝する方がよいと言われています。

【図12】カンパヌラ

聖体顕示器（Ostensorium：オステンソリウム）
【図13】
　信者に聖体を顕示するために用いる祭器で、聖体賛美式や聖体行列のときに用います。聖体礼拝の信心が高まってきた十四世紀頃にヨーロッパの教会で考案されたようです。台座に支えられている中央の聖体圏には、聖体を入れて見ることができるように、ガラスの円形の聖体器（Lunula：ルヌラ）がはめ込んであり、この部分だけを取りはずして、聖櫃に納めることができるようになっています。

【図13】聖体顕示器

C：典礼で用いる祭服

　典礼が行われるとき、司式をする司祭またその奉仕をする助祭や奉仕者（侍者）は、特別な祭服を身に着けています。これらの祭服は、奉仕の務めの違いによって少しずつ異なっていますが、それは、感謝の祭儀

における任務の多様性が、祭服の違いによって外面的に表されるためです（『ローマ・ミサ典礼書の総則』335 参照）。

（1）祭服の歴史

　初期のキリスト教共同体において、祭服のようなものはありませんでした。しかし、ふさわしい服装で聖なる祭儀を祝うべきであるという思いは、割合に早い時代から芽生えていたと言われています。キリスト教典礼のために祭服が整えられたのは、キリスト教がローマ帝国の国教となって（紀元 392 年）発展して行く時期と関連があります。教会の聖職者がローマ帝国の官僚と同等に見なされ、当時のローマ帝国の官僚が身に着けていた服装を用いるようになってきました。そのため、ローマ・カトリック教会の祭服は、当時のローマ人官僚の服装に類似するものがほとんどです。

　正式な祭服が作られ始めたのは、五世紀のころと言われています。長い歴史の中で、祭服は多様化し、その形や装飾が派手になり過ぎたきらいもありますが、第二バチカン公会議後の典礼刷新によって不要なものが廃止されたり、また簡素化されたりして、現在、以下のような種類の祭服が用いられています。

（2）祭服の種類

アルバ（Alba）【図 14】

　アルバとは、もともとローマ人たちが下衣として用いていたもので、白い布で作られた全身をすっぽりとおおう長服のことです。ラテン語のアルバ（Alba ＝白い）という形容詞に、この名称の由来があります。洗礼を授かった新信者は、白衣を一週間、身につける習慣がありました。アルバは洗礼の恵みのしるしであると同時に、「清い心を持って神に仕

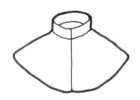

【図14】アルバ

【図15】アミクトゥス

【図16】アミクトゥス・ケープ

【図17】チングルム

えたい」という望みを表しているとも言われています。そして、アルバは司教・司祭・助祭だけではなく、「すべての奉仕者に共通の祭服」(『ローマ・ミサ典礼書の総則』336)とされています。

アミクトゥス(Amictus)【図15】

アミクトゥスとは、アルバの下に、首回りと肩をおおうようにして着ける四角い布のことです。これは、とくに暑いとき、祭儀中に首回りや肩のあたりから出る汗を吸い取るために用いられるものです。またアルバの襟の下に通常の服装が見えないように覆い隠す役割もあります。アミクトゥスは、そもそも汗取りのために、武具の下(とくに頭、首、肩など)に着けていた麻布がその起源であると考えられています。

従来の四角い布にひもがついているアミクトゥスとは別に、近年では、円形のアミクトゥス・ケープも用いられ始めています。【図16】

チングルム(Cingulum)【図17】

チングルムは、修道士たちが修道服を引き締めるために用いていた縄にその起源があるようです。アルバの長さを調節したりその形を整える

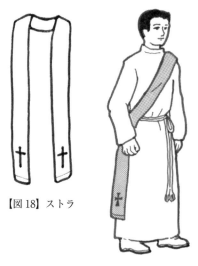

【図18】ストラ

【図19】ストラ（助祭）

ための腰帯として、次第に典礼のために取り入れられるようになりました。これは、奉仕（ルカ12・37）や節制（マコ1・6）を示すシンボルと考えられています。

ストラ（Stola）【図18】

　ストラという名称は、ギリシア語で十字架を意味するスタウロス（σταυρός）という言葉から来ています。スタウロスは、厳密に言えば、十字架の横木を指しているとも言われています。そのためかストラは、十字架の横木のように細長い帯のような形をしており、それを担っているしるしとして肩に掛けられています。

　このストラは、叙階の秘跡によってキリストの名において行動する役割を果たす司教と司祭に固有な権能を示すしるしとされています。ストラは、通常、カズラの下に着けます。また助祭もストラを着用しますが、その掛け方は司教や司祭とは違い、奉仕のために右手が自由に使えるように、左肩から斜めに掛け、右わきで留めます。【図19】これは助祭が、とくに種々の奉仕のために叙階されることを意味しています。

ダルマティカ（Dalmatica）【図20】

　ダルマティカは助祭固有の祭服で、ストラの上に、このダルマティカを着用することができます。ダルマティア人の民族衣装に由来し、二世紀頃、ローマの宮廷に取り入れられ、教会の典礼でも使用されるようになりました。ダルマティカはカズラより少し短めのT字形の上衣で、

【図20】ダマルティカ　　　　　【図21】カズラ

着用に便利で奉仕のために腕が動かしやすいよう、袖まで両面が切り開かれています。また前面と背面に上から下まで、平行に並ぶ二本の縦の線が特徴的であり、二箇所横線によって結ばれています。「必要に応じて、あるいは盛儀の祭儀ではない場合には、ダルマティカを省くことができる」(『ローマ・ミサ典礼書の総則』338) ことになっています。

カズラ (Casula) 【図21】
　カズラという名称は、ラテン語で「小さな家」を意味するカーザ (Casa) という言葉に由来すると考えられています。カズラは、ちょうどテントのような円形をしており、頭が出るように中央部分をくりぬき、ゆったりと体全体をおおう祭服です。このカズラは、「神の家」に集まった神の家族の中で、だれが司式者であるのかを示すために用いられ、司教や司祭に固有の祭服です。カズラは、首を中心にしてどの方面にも廻すことができるため、別名プラネタ (planeta：惑星) とも呼ばれています。

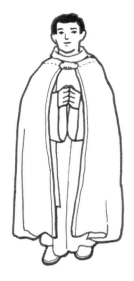

【図22】プルヴィアーレ

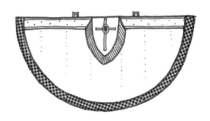

【図22】プルヴィアーレ（開いた形）

プルヴィアーレ（Pluviale）【図22】

　プルヴィアーレという名称は雨外套（レインコート）の意味で、ローマ人が雨外套を兼ねて使用していたマントがその起源となっているようです。プルヴィアーレには当初、雨に備えて頭巾（ラテン語でカッパ：Cappa）が付けられていたため、カッパとも呼ばれています。しかし十五世紀頃から、頭巾はなくなってしまいました。カズラが円形をしているのに対して、プルヴィアーレは半円形で前方が開き、止め金で閉じられるようになっています。聖体行列、聖体賛美式、祝福式のときなど、アルバの上に、また（後述の）スータンとシュルプリの上に、このプルヴィアーレを着用することになっています。

フメラーレ（Humerale）【図23】

　フメラーレは、長さがおよそ２ｍ幅80㎝くらいの寸法で、両肩だけでなく両手まで被うことができる長方形の白い肩掛けです。胸のあたりで被いの両端を留めることができるようにフックが付いています。おもに聖体を移動させるとき、聖体容器（ピクシス）を保護するために用います。聖体賛美式の中で、聖体顕示台をもって祝福を与えるときに用いることもできます。

第一章　予備知識　33

【図23】フメラーレ　　　　　　【図24】スータン

　また、司教ミサのとき、侍者がミトラやバクルスを捧持するために用いる白の薄い肩掛けは、ヴィンパ（Vimpa）と呼ばれています。

スータン（仏語：soutane）【図24】
　スータン（下に着る物という意味）は、本来、中世ヨーロッパで裁判官、医者、教授の職にあった人たちが使用していた服装で、十三世紀ごろから、聖職者の日常衣として用いられているものです。スータンの上に着けて、ひざのあたりまでをおおう形の白衣をシュルプリ（仏語：surplis）と言います。これは聖職者がスータンの上に長いアルバを着ける代わりに用いるもので、これらのスータンとシュルプリで、一部の祭儀を行うこともあります。

（３）司教に固有なしるし【図25】

司教杖（バクルス：Baculus）

【図25】司教に固有なしるし

ミトラ

司教杖は、良き牧者であるキリストの代理者として、司教にゆだねられた信者の群れを治める牧者としての務めを示しています。

司教冠（ミトラ：Mitra）

　司教冠（ミトラ）は最初、簡単な縁なしのキャップ帽だったようですが、十二世紀頃から王冠をまねて、現在のように、前後が二つに分かれた角形のものになり、その高さが増してきたようです。その背後の部分には二条の細帯が垂れています。使用しないときには、前後がぴったりと合わさって平面の状態になり、収納が便利なようになっています。

　このミトラは、主が来られるときに、朽ちることのない栄冠を受けることができるよう、司教が絶えず高い聖性をめざし、その光を輝かす使命があることを示しています。

指輪（Annulus：アンヌルス）

　司教が指輪をはめるのは、キリストの花嫁である教会に対して忠実であり、くもりのない信仰と愛をもって、教会を清く保ち続ける使命があることを示しています。司教は、結婚した夫婦がするように左手の薬指ではなく、右手の薬指に指輪をはめることになっています。

ペクトラ（Crux pectoralis：クルス・ペクトラーリス；佩用十字架）

　司教が、救いをもたらしたキリストの十字架に対する信仰宣言として身につける十字架のことで、鎖または紐で首からつるし、胸（ラテン語

でペクトラ）のあたりに下げることになっています。

パリウム（Pallium）【図26】

　パリウムは管区大司教が、その特別な権能のしるしとして、ローマ教皇から贈られるものです。幅5cmほどの白い羊毛製の環状帯で、カズラの上（首回り）に着用しますが、前後にも垂帯があり、絹糸の黒十字架が全部で六つ縫い付けられています。このパリウムは、ローマ教皇との一致のしるし、愛のきずなとなるよう、教皇が新しく任命した管区大司教に対して授けることになっています。

【図26】パリウム

　日本には、東京教会管区（東京大司教区、札幌教区、仙台教区、新潟教区、さいたま教区、横浜教区）、大阪高松教会管区（大阪高松大司教区、名古屋教区、京都教区、広島教区）、長崎教会管区（長崎大司教区、福岡教区、大分教区、鹿児島教区、那覇教区）という三つの教会管区があり、各教会管区の責任者である東京大司教区、大阪高松大司教区、長崎大司教区の三名の大司教が、このパリウムを着用します。

（4）祭服の色

　カトリック教会の典礼で用いる「祭服の色の多様性は、祝われる信仰の神秘の特徴や、典礼暦年の流れにおいて進展していくキリスト者の生活の意味を、外面的にも効果的に表すことを目的として」（『ローマ・ミサ典礼書の総則』345）います。

　伝統的に、カトリック教会では、主に白、赤、緑、紫、黒、ばらの六色を用いていますが、それぞれの色には、次のような象徴が込められています。

白色

白色は、神の栄光、勝利、復活、喜び、清らかさの象徴です。「降誕節」、「復活節」、キリストの諸神秘を祝う祝祭日（公現、洗礼、変容、復活、昇天など）、聖母・天使・聖人の祝祭日、洗礼、堅信、初聖体、叙階、結婚の各儀式のときに用います（『ローマ・ミサ典礼書の総則』347 参照）。また最近、復活を強調するために葬儀のときにも使うようになりました。

赤色

赤色には二つの象徴があります。一つは火（聖霊）を表す場合で、聖霊降臨の主日に用います。もう一つは血（命までささげ尽くす愛）を表す場合で、主の受難の主日、聖金曜日、また殉教者の祝祭日に用います。

緑色

緑色は、大きくなって行く新芽の色で、天国への旅路を導く希望を意味し、「年間」に用います。

紫色

紫色は回心、節制、悲しみを表す色で、「待降節」、「四旬節」、そしてゆるしの秘跡や葬儀、死者のためのミサなどに用います。

黒色

黒色は、葬儀や死者のためのミサなどに用いることができます。最近、あまり使用されない傾向にあります。

ばら色

ばら色は控えめな喜び（待つ喜び）を表すために、待降節の第三主日

と四旬節の第四主日に用いることができます。

金色と銀色

　上記の六色以外にも、祝祭日にはその日の典礼色（紫と黒の場合を除く）に代えて、適当であれば金色あるいは銀色の祭服を用いることができるようになっています（典礼秘跡省指針『贖いの秘跡』127 参照）。この金色や銀色は、神の栄光、神の力、神の国を象徴する色です。

　これらの色がいつ用いられるのかについては、ミサをささげるときの説明（解説）や典礼法規をまとめた『ローマ・ミサ典礼書の総則』の中に規定（346 条）があり、これに従って、当日の祭服の色が決められています。

3— 典礼の周期性（典礼暦年）

　教会は、キリストの救いのわざを記念するため、長い歴史の中で徐々に、一年を周期とする典礼暦年を整えてきました。香部屋係は、典礼暦年を通して祝われ、展開されて行くキリストの種々の神秘に合わせて、奉仕を行うことになりますので、その読み方を身につける必要があります。

（1）一年を周期とする典礼暦年

　一年を周期とする典礼暦年には、大きな二つの軸があります。一つはキリストによる救いのはじめとして、主の降誕（再臨）を準備して待つ「待降節」、その神秘を盛大に祝い展開する「降誕節」です。もう一つはキリストによる救いのわざの頂点として、主の死と復活の祝いを準備する「四旬節」、それを盛大に祝う「聖なる過越の三日間」、主の過越の神秘を主の昇天・聖霊降臨まで展開して行く「復活節」です。これらの季

節の前後には、キリストの神秘全体を追憶するため「年間」が組み込まれて、一年を周期とした典礼暦年が構成されています。【図27】

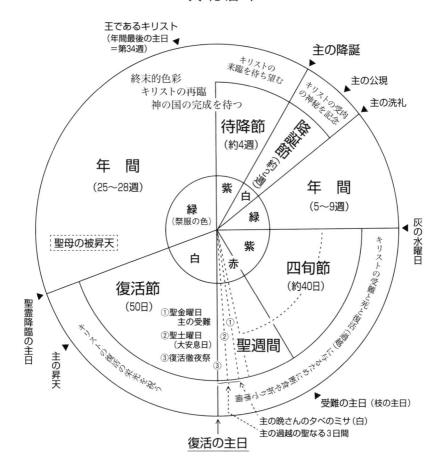

一年を周期とした典礼暦年【図27】
　カトリック新聞1990年
　12月23日号を参照

（2）種々の典礼日

　一年を周期としてキリストの神秘を祝い続けて行く典礼暦年の中には、種々の典礼日があります。

主日（Dominica）

　教会は、その誕生の当初から、キリストが復活した週のはじめの日、すなわち日曜日を「主日」と呼び、毎週この日に集まって、感謝の祭儀（ミサ）を行うことを自分たちの喜びとし、重要な務めとしてきました。典礼暦年の中で一週間ごとにめぐってくる主日は、キリスト者にとって「主の復活を祝う根源の祝日」であり、他の典礼日にまさっています。

　この主日は、各季節の中で、第〇〇主日というように数字で数えられて行きます。また続けて A 年・B 年・C 年というアルファベットの年号が付けられますが、これは聖書の朗読配分の周期を示す記号です。主日の朗読配分は三年周期になっていて、A 年にはマタイ福音書、B 年にはマルコ福音書、C 年にはルカ福音書が、主に朗読されることになっています。ヨハネ福音書だけは、毎年、とくに復活節に朗読されることになっています。

　ちなみに、西暦の年数を三で割って一余る年が A 年、二余る年が B 年、割り切れる年が C 年に当たります。このような周期で聖書が朗読されるのは、聖書の宝庫が広く開かれて、神のみことばの食卓の富が豊かに与えられるためです（『典礼憲章』51 参照）。

　教会は、キリストの神秘全体を祝う一年周期の典礼暦年の中で、その神秘の一面を浮き彫りにしたり、またキリストの救いのわざに協力した神の母聖マリアをはじめ、信仰のために命をささげた殉教者や、信仰の素晴らしい証しをした聖人（証聖者）を記念して、その模範を示しながら取次ぎを願うために、いくつかの典礼日を設けています。典礼暦年の

中に組み込まれて祝われるこれらの典礼日は、いくつかの例外を除けば（『典礼暦年と典礼暦に関する一般原則』16 参照）、その重要性の度合いによって祭日、祝日、記念日、任意、そして週日に区分されています（同10～15 参照）。

祭日（Sollemnitas）

主日以外の典礼日の中では最も盛大に祝われ、その祭儀は前晩の祈りから始まり、ある祭日には固有の前晩のミサもあります。当日のミサでは、固有の祈願と叙唱が用いられ、主日のミサと同じように栄光の賛歌、第二朗読、信仰宣言が加えられます。さらに、最大の祭日である「主の復活」と「主の降誕」は、八日間続けて祝われます。

祝日（Festum）

祝日は、祭日より下位にあって（後述する）記念日より優位にあります。この祝日は当日の枠で祝うため、「主の奉献」、「主の変容」、「十字架称賛」など（これらの祝日が主日と重なるときにのみ用いる）例外的な場合を除けば前晩の祈りがなく、当日のミサでは、固有の祈願と叙唱が用いられ、栄光の賛歌が加えられることになっています。

記念日（Memoria obligatoria）と任意（Memoria ad libitum）

記念日には義務のものと任意のものがあります。普遍的で重要な意義をもつ聖人は全教会が義務としてこれを祝い、その他の聖人は地方の教会や国あるいは修道会などで、それぞれの典礼暦の中に編入して、任意に祝います。日本の典礼暦では、義務のものを「記念日」、任意のものを「任意」と表記して区別するようにしています。当日のミサでは固有の祈願と叙唱が用いられる程度です。

週日（Feria）

　上記以外の日は「週日」と呼ばれます。この週日は、例えば、年間第三十月曜日というように、△△（節）第○○月・火・水・木・金・土曜日という表記がなされます。また年間の週日には、続けてカッコの中に、奇数年・偶数年という言葉が見られます。これも朗読配分を示すものです。ちなみに奇数年が一周年目、偶数年が二週年目に当たります。ただし、二年周期になっているのは「年間」の第一朗読だけであり、福音朗読と各季節の第一朗読は一年周期で、毎年同じ箇所が読まれます。

（3）典礼暦に基づく準備

　上記のことを踏まえながら、各国または各地方の教会は、毎年、一般ローマ暦をもとにして固有の「典礼暦」を準備します。日本の教会では、カトリック中央協議会から『教会暦と聖書朗読　○○○○年度』が発行されています。この小冊子の中には、一年間の典礼日の種類や祭服の色、ミサの聖書朗読箇所、答唱詩編とアレルヤ唱の番号、祈願や叙唱のページなどが掲載されています。【図28】

10月16日（木・週・緑）　<祈476〜 叙588〜>
Ⅰ　ローマ 3・21-30a　皆さん、今や、… 　（30a）…唯一だからです。
答　117①③（詩編130・1＋2, 5＋6）　ア　269-47（ヨハネ14・6）
福　ルカ 11・47-54　そのとき、イエスは言われた。…
　　〔聖ヘドビッヒ修道女 p102 <祈854 叙617>〕
　　〔聖マルガリッタ・マリア・アラコクおとめ p102 <祈855 叙617>〕

10月17日（金・記・赤）　聖イグナチオ（アンチオケ）司教殉教者 p102 <祈856 叙615>
Ⅰ　ローマ 4・1-8　皆さん、肉による… 　（30a）…唯一だからです。
答　114①④（詩編32・5, 10＋11）　ア　269-39（詩編130・5）
福　ルカ 12・1-7　そのとき、数えきれないほどの…

10月18日（土・祝・赤）　聖ルカ福音記者　栄　<祈858 叙613>
Ⅰ　二テモテ 4・10-17a　愛する者よ、（10）…行っています。（17a）…力づけてください
　　ました。
答　63②③（詩編145・10, 13cd＋14）　ア　277（聖ルカ）（ヨハネ15・16 参照）
福　ルカ 10・1-9　そのとき、主は…
　　　　　　　　　　　　　　　　　　　　　　　　　　　　　　　　【図28】

香部屋係は、この小冊子を用いて、祭服の色や朗読箇所、その他必要な祭具の準備を行うことになります。また、カトリック中央協議会から発行されている『毎日のミサ』という小冊子にも、それぞれの日付の横に上記の典礼日の区別が示されていますので、これを用いることもできます。【図29】

それでは、これから具体的に、日常の配慮、通常のミサの準備、季節の典礼の準備、種々の祭儀に必要な準備、洗濯・管理という項目に従って、香部屋係の主な務めを見て行きましょう。

10月5日｜日
年間第二十七主日
朗 年間第二十七主日B年
祈 年間第二十七主日
主日・緑

【図29】

第二章

日常の配慮

第二章　日常の配慮

1— 典礼備品の購入

　典礼祭儀のためによく用いる備品が切れていないか、日頃から気を付けるようにしましょう。また、他の人にもすぐに分かるように、例えば、以下のような典礼備品のノートを作っておくと便利です。

	備　考	数量	購　入　先
種なしパン	司祭用（大） 信者用（小）		
ぶどう酒	ヴィーノ・デ・ミサ		
ろうそく	祭壇用のろうそく 復活のろうそく		
香炉用	福音香 美芳香炭（香炉用）		
小冊子類	「毎日のミサ」 「聖書と典礼」		
消耗品	マッチ、糸ろうそく マイクの電池など		

種なしパン・ぶどう酒

　水と小麦粉（イースト菌無し）で作られた「種なしパン」が、ミサの中で、司祭によって聖別されてキリストの御からだ（ホスティア）となります。ホスティア（Hostia）とはラテン語で「いけにえ」という意味であり、本来は聖体となったパンのことですが、いつの間にか聖体となる前のパンのことも、ホスティアという名で呼ばれるようになりました。

　ミサの中で用いるパンは、しるしの観点から可能であれば、司祭が「いくつかの部分に実際に裂いて、少なくとも幾人かの信者にそれを授与することができるようなものであることが望ましい」（『ローマ・ミサ典礼書の総則』321）とされています。

　しかし、「拝領者の数やその他の司牧上の理由によって小さなホスティアが必要な場合」（同）もあるため、実際には、司祭用の大きなパンと、信者用の小さなパンの二種類を用いる場合が多いようです。

　ミサで用いるぶどう酒は、「ぶどうの実から作ったもの（ルカ 22・18参照）で、天然かつ純粋なもの、すなわち他の成分が混入されていないもの」（『ローマ・ミサ典礼書の総則』322）でなければなりません。しるしの観点から、赤ぶどう酒が望ましいのですが、白ぶどう酒でもまったく問題はありません。

2— 聖水の準備

　聖堂や香部屋の入り口などで、聖水（祝福された水）を用いる習慣がある教会では、聖水入れに十分な量の聖水が入っているかどうか事前に確認しましょう。必要があれば補給しておきます。また、聖水を入れる容器はいつも清潔に保つように心がけましょう。

　①聖水を保管している場所はどこでしょうか。

②透明なボトルなどの容器に「聖水」と表示し、祝福された水を保管しておきます。

③長く用いられず古くなった聖水は、祭器室に設置されているサクラリウム（Sacrarium：『ローマ・ミサ典礼書の総則』280 参照）に流すようにします。サクラリウムとは、典礼で用いた水を流して自然に蒸発させるため、下水道とは別に設けた水の流し場で、香部屋の床下につながっている場合が多いようです。祭器室にこのようなサクラリウムが設置されていない場合、植木などに注いで自然に戻すこともできます。

④残りが少なくなったら、司祭あるいは助祭に、水の祝福を願いましょう。

⑤水の祝福に必要なもの

水を入れた容器（透明な水差しなど）、（必要ならば）塩と小さなさじ、祝福の祈りの本、白色のストラ。

3─ ろうそくの準備

ろうそくは神への礼拝と祝いの喜びを表すために典礼祭儀に欠かせないものとされています（『ローマ・ミサ典礼書の総則』117・307 参照）。

【図 30】

ろうそくの本数

『ローマ・ミサ典礼書の総則』（117）に、ろうそくは「どの祭儀においても、少なくとも二本を置く。あるいは、とりわけ主日のミサや守るべき祝日の場合は、四本もしくは六本、また、教区の司教が司式する場合は七本を置くようにする」という規定があります。

ちなみに、主日・祝祭日のミサでは四本か六本、週日のミサにおいては二本というように、ろうそくの本数に変化をもたせることもできます。

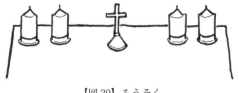

【図30】ろうそく

復活祭に用いる大ろうそくは、復活されたキリストと永遠の命を象徴するもので、洗礼式や葬儀の時にも用いられます。【図31】

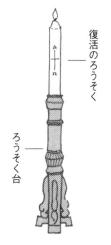

【図31】復活祭に用いる大ろうそく

ろうそくを置く場所

　ろうそく台は、「祭壇上、もしくは祭壇の近くにふさわしく置くものとする。なおそれは、祭壇上で行われること、あるいは祭壇上に置かれるものを信者が容易に見ることを妨げないようにする」(『ローマ・ミサ典礼書の総則』307) ことが大切です。

　事前に祭儀のために用いるろうそくの状態を確認し、側面に垂れたろうを削り取ったり、ろうそくが短くなりすぎていれば取り替えておきましょう。

垂れたろうのあと始末

　祭壇布、床、じゅうたんに垂れたろうを除去するためには、アイロンを使います。ろうの上に茶紙あるいはティッシュ・ペーパーを当て、アイロンをかけるとろうが紙の上に溶け出し、きれいに除去することができます。その後、ろうが垂れていた部分を水拭きしておくとよいでしょう。

【図32】ろうそくにビニール・セロファンを巻く

ろうそくにビニール・セロファンを巻く【図32】

　ろうが垂れるのを防ぐために、割合太いろうそくであれば、(花束を包む) 厚めのビニール・セロフ

第二章　日常の配慮　49

ァンをろうそくに巻きつける方法があります。

〈利点〉

　ビニール・セロファンで止められてろうが垂れてこないため、燭台の汚れが少なくなります。ビニール・セロファンを巻く方が、燭台にこびりついたろうを削り取るより、少ない時間で済みます。

〈巻き方〉

　①花束を包んできたビニール・セロファン（厚めのしっかりしたもの）を取っておきます。

　②ビニール・セロファンをろうそくに巻きます。そのとき上下に十分な余白を残して巻き始めます。二回しっかりと巻き、おわりの合わせ目は少し重なる程度にします。

　③ろうそくの上部、中間、下部をセロテープでとめて、ビニール・セロファンを密着させます。

　④巻き終えた後、ろうそくの長さに合わせてビニール・セロファンを切ります。下部はろうそくの底に合わせて切ります。上部は、新しいろうそくの場合、芯が１㎝くらい出るあたりで切って使用します。

　⑤ときどきろうそくの使用後、ビニール・セロファンをろうそくの端肩より１㎝くらい残して、はさみで切りそろえます。

　⑥芯の方向をやわらかいうちに真直にしておくと、ろうは片寄りません。

〔備考〕

　・ろうそくの長さに合わせてビニール・セロファンをあらかじめ切ってから巻き始めるより、一本一本丁寧にろうそくに巻いてから、ビニール・セロファンを切る方が上手に巻くことができます。

　・復活のろうそくにも上部の方だけ同じ要領で巻いておくと、ろうが

垂れるのをある程度ふせぐことができます。
・細いろうそくには巻くことができません。

4— 香・香炉の準備

　芳しい香りを放つ香は、旧約時代から祈りのしるしとしてユダヤ人の礼拝行為に用いられていました。詩編141・2で、作者は「わたしの祈りを御前に立ち昇る香りとし、高く上げた手を夕べの供え物としてお受けください」と歌っています。またヨハネの黙示録8・3でも、天上での礼拝の示現が、次のように記されています。

　「……別の天使が来て、手に金の香炉を持って祭壇のそばに立つと、この天使に多くの香が渡された。すべての聖なる者たちの祈りに添えて、玉座の前にある金の祭壇に献げるためである。」

　教会も、香を焚いて祈りをささげる伝統を、典礼行為の中に受け継いでいます。

献香のための道具【図33】

　献香のために教会の中で用いてきた香炉は、いわば携帯できる鎖のついた香炉です。付属品として香を入れる器（小舟の形をしているために香舟とも呼ばれる）と、香炉を用いないときに掛けておくためのスタンドもあります。

香と香炉の準備

　典礼祭儀の中で、香を用いる場合には、香入れ（香舟）に香が十分入れてあるかどうかを事前に確認し、必要があれば補充します。

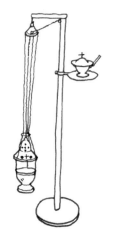
【図33】献香の道具

また、前回用いた炭が香炉の中に残っていないかどうか点検しましょう。そして、香炉を掛けておくためのスタンドが必要な場合、それを内陣のふさわしい場所、例えば奉仕者（侍者）の席の近くなどに移動しておきましょう。

香炉の手入れ

①使用直後の香炉は熱いので、スタンドに掛けて炭の火が消えてしまうまで、そのままにしておきます。不安があれば水をかけて消すこともできます。

②使用後の炭や香が香炉の底で固まりつかないよう、こまめに手入れをしておきましょう。できれば使用前に、茶道の風炉に使う灰を少量、香炉の底に入れておくことも一つの方法です。

③香のヤニが、香炉の内部にこびり付いて汚れがひどくなってきたら、熱湯をかけて落としましょう。金物で削りとることはやめましょう。

④香入れ（香舟）・香炉・スタンドを磨くときはピカール（研磨剤）を使用します。レモンを使用すると、あとで酸のため金属が黒くなってしまいます。

据置きタイプの香炉【図34】

近年、香を焚くという行為は、祭日のミサや葬儀などの特別な機会にしか見られなくなってきました。日本の文化的な風土においては、香を焚くという礼拝のしるしを、主日のミサにも積極的に生かして行く努力と工夫が求められているような気がします。

【図34】据置きタイプの香炉

例えば、仏教の伝統の中で香炉は据え置

きタイプのものですが、教会のミサにも据置きタイプの香炉を用いることができるのではないでしょうか。

その具体的な工夫の例として、割合大きめの陶器に白い小石を敷き詰め、その中に二つの小さな器を埋め込みます。その一方は香と小さなさじを入れるため、他方は火種の炭を入れるために用います。また香炉台のようなものを作って、この陶器を載せ、祭壇の前に置くのです。祭儀中、司祭は小さなさじで、火種の炭の上に香をのせて焚くことができます。そうすると祈りがささげられている間に、祭壇の前で香の煙がゆっくりと立ち昇ることになります。

5 ― 生け花の準備

【図35】生け花

生け花は典礼法規上、必ずしも祭儀に不可欠なものではありません。けれども四季折々の花は、沈黙のうちに、その清さと美しさもって、「創造主である神を、ともに賛美しましょう」と語り掛けているかのようで、典礼が行われる場にふさわしいものです。【図35】

典礼暦年と花

『ローマ・ミサ典礼書の総則』（305）には、花を飾ることについて、次のような規定があります。「待降節には、この季節の特徴にふさわしい節度をもって、祭壇を花で飾ることができる。ただし、主の降誕の満ちあふれる喜びを先取りしないようにする。日本では、四旬節中も控えめに祭壇を花で飾ることができる。花による装飾はつねに節度を守らねば

ならない。そして、祭壇の上面ではなく、むしろ祭壇の周りに置くようにする」。

具体的な実践

　①聖堂の生け花を準備する人は誰でしょうか。

　香部屋係とは別に、生け花係を設けて奉仕していただくのはよいことです。

　②どこから花を入手するのでしょうか。

　③生け花を置くふさわしい場所はどこでしょうか。

　上記の典礼法規で指摘されているように祭壇の周りが、第一に重要な場所になります。ヘブライ人への手紙の中で、キリストはわたしたちのための一つの祭壇（13・10参照）として描かれています。また、祭壇において主の過越の神秘が行われ、キリストの御からだと御血が与えられることになるため、祭壇はキリストご自身の奉献のしるしとして理解されています（カトリック儀式書『献堂式』Ⅳ・4参照）。

　④どんな場合に生け込みを業者に依頼するでしょうか。

　結婚式、葬儀……。

　⑤生け方の流儀や技術を学んでいなくても、典礼の季節、祝祭日、福音の内容をイメージしながら、生け方の工夫をしてはいかがでしょうか。

第三章

通常のミサの準備

第三章　通常のミサの準備

　祭具や祭服の準備は重要な香部屋係の務めです。まず、通常のミサのために必要な祭具や祭服の準備のあり方について見て行きましょう。

　祭具の準備と祭服の準備においては、どちらを先に始めても構いませんが、ここでは祭服の準備から見て行きましょう。

1― 祭服の準備

典礼色

　最初に気をつけるべきことは、当日の典礼色です。これについては、『ローマ・ミサ典礼書の総則』(346) あるいは、カトリック中央協議会から毎年出版されている『教会暦と聖書朗読』、あるいは毎月出版されている『毎日のミサ』という小冊子を参照します。

司式司祭の祭服

　主日・祝祭日・週日の別なく、司式司祭は本来、「アルバとストラの上に着用するカズラ、すなわちプラネタ」(『ローマ・ミサ典礼書の総則』337) を使用することになっています。【図36】「たとえば共同司式司祭の数が多く、祭服が不足している場合、共同司式司祭は、主司式司祭を

【図36】司式司祭の祭服　　　【図37】共同司式司祭の祭服（例外）

除いて、アルバの上にストラを着用し、カズラあるいはプラネタを省く」
(『ローマ・ミサ典礼書の総則』209) ことができることになっています。
【図37】

カズラ（プラネタ）

　まず当日の典礼色のカズラを取り出し、その前方を準備台につけ、背方（後方）を上に向けて広げます。【図38】

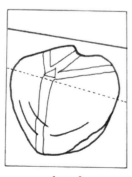
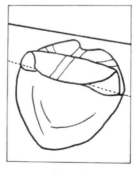
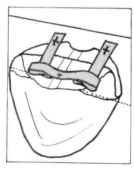

　　【図38】　　　　　　　【図39】　　　　　　　【図40】

それからカズラの背方をめくり上げて二つ折りにし、司祭がカズラの内側に両手を入れやすくします。【図39】

ストラ

その上に（カズラとセットになっている）同じ色のストラを、図のように、首に掛けやすいように整え、首にかかる部分を折り曲げて、（二つ折りにした）カズラの背方に重ねます。【図40】

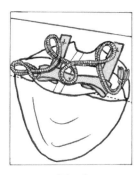

【図41】

チングルム

次に、チングルムの房の部分を右側にして二重（ふたえ）に揃え、M字形を描くように、ストラの上にのせます。【図41】（房の部分が左側になってもよいと思います。）

【図42】

アルバ

さらにアルバを広げてのせ【図42】、両袖を内側に二つ折りに畳み込み、司祭が両手を伸ばして頭からアルバを着ることができるように、アルバのすそをめくり上げて、準備台の上に整えます。【図43】

首回りをぴったりと覆うようにできていて、汗を吸い取れるような薄手のアルバは、アミクトゥスを用いないで済むようにできていますので、ここで祭服の準備が終わることになります。

【図43】

【図44】

アミクトゥス

アルバの種類によっては、必要に応じて、その上にアミクトゥスをおいて祭服の準備を完了します。【図44】

2— 朗読台布・聖櫃布の取り替え

教会によっては、朗読台布や聖櫃布（Conopeum：コノペウム）を用いている所があります。そして、それぞれの典礼色の布を揃えている場合もありますので、祭服の準備後、これらの布を取り替えましょう。

3— 朗読聖書の準備

朗読台に、第一朗読や第二朗読のための聖書がおかれているかどうか確認しましょう。なお、本来、他の朗読聖書とは別冊として作られる朗読福音書は、入堂の行列の際に捧持するか（『ローマ・ミサ典礼書の総則』120参照）、捧持されない場合には祭壇の上に置くことになっています（『ローマ・ミサ典礼書の総則』119参照）。

4— 祭具の準備

カリス一式

棚（あるいは箱）の中から、注意深くカリスを取り出します。カリスの上には、セットになったパテナが一緒にのせてある場合が多いので、

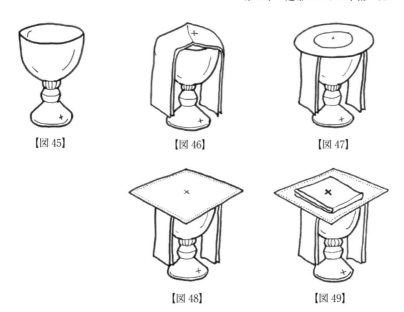

【図 45】　　　　【図 46】　　　　【図 47】

【図 48】　　　　【図 49】

　パテナを落とさないように気をつけましょう。カリスの円い台のところに、中心の位置を示す小さな十字架が印されているものが多いようです。それを自分の方に向けて準備を始めます。【図 45】

　まず、プリフィカトリウムの中央部分の折り目が輪型になるように（＝小さな十字架が付いている方を上にして）、カリスの上にのせましょう。【図 46】このプリフィカトリウムの上にパテナを置き、その中に司式司祭用の種なしパンを一枚のせます。【図 47】共同司式司祭がいる場合には、その人数に応じてその枚数を調整します。（しかし、できれば司祭用のも、信者用の種なしパンと一緒に奉納するのが理想的です。）

　その上にパラ【図 48】、そして九つ折りになっているコルポラーレをのせるとカリスの準備が整います。【図 49】それから、カリスの円柱を右手で持ち、コルポラーレの上に左手を添えて、祭壇の近くにある祭器卓に運びます。ときどき、ミサがはじまる前から、祭壇の中央にコルポラーレを敷いている場合も見受けられますが、本来、コルポラーレを祭壇に敷くのは、奉納の準備のときです。

信者用の種なしパンとピクシス

【図50】種なしパンとピクシス

ミサの中で奉納行列が行われる場合、教会の入り口付近に奉納台を設けて、そこに種なしパンとピクシス（チボリウム）をおき、ミサの前に会衆がそれぞれ、自分の分をピンセットのようなものでピクシスに入れることができるようにするとよいでしょう。そしてミサの中でこれらの種なしパンは、ぶどう酒といっしょに奉納します。おおよその参加者を予想して、その人数分をあらかじめピクシスに入れ（奉納行列が行われない場合には祭壇の近くの祭器卓に）準備しておくこともできます。【図50】

ぶどう酒と水

小さな水差しなどの容器に、それぞれぶどう酒と水を入れます。【図51】

【図51】

これらの容器が透明なものであれば、ぶどう酒と水がどちらに入っているのかすぐに見分けがつきます。そうでない場合には、ぶどう酒入れと水入れの区別がなされていますので、ぶどう酒と水を入れ違えないように気をつけましょう。【図52】それから、ぶどう酒と水を入れた容

【図52】

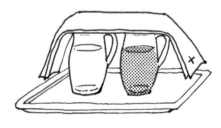
【図53】

器を小さな盆にのせて、ミサの中で奉納行列をするため、教会堂の入り口付近にある奉納台に運んでおきます。

奉納行列をしないで、祭壇の近くの祭器卓にこれらのものを置いておく時、(ぶどう酒と水を入れた容器に蓋が付いていないような場合)、ほこりが入らないように、司祭用の手拭きをかぶせておくこともできます。【図53】

【図54】手洗い用器と手拭き

手洗い用器と手拭き

ミサの中で、司祭が手を洗うときに水を注いでもらう水差し、その水の受け鉢となる手洗い用器、手拭きを準備します。この手洗い用器に、あらかじめ水を入れておき、司祭はその中で手を洗うこともできますが【図54】、基本的には水を注いでもらいながら手を洗うことが望ましい方法です。【図55】その際、できれば手洗い用の水は、ぶどう酒に注いだり、カリスを洗うための水差しとは、別の水差しに入れて準備しましょう。そして手洗い用器と水差しは、はじめから祭壇の近くの祭器卓に運んでおきます。

【図55】

小鐘 (カンパヌラ)

ミサの中で小鐘を鳴らす習慣があるところでは、奉仕者(侍者)がパンとぶどう酒の聖別のときにいる場所に、あらかじめ小鐘を準備しておくようにします。【図56】

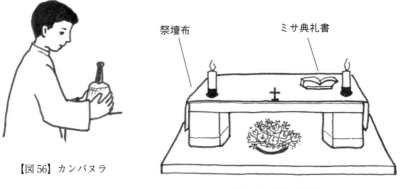

【図56】カンパヌラ

【図57】祭壇の準備

祭壇の準備【図57】

　祭壇には、少なくとも一枚の白い色の祭壇布が敷かれることになっています（『ローマ・ミサ典礼書の総則』304 参照）。祭儀が行われない時には、その上に被い（カバー）が掛けられていますので、まずこの祭壇の被いをきれいにたたんで所定の場所に片付けます。

ミサ典礼書

　司祭がミサを司式席から始めることになっている所では、ミサ典礼書は、祭壇の近くの祭器卓に置いておきます。もし、司祭がミサを祭壇で始めることになっている場合には、（小さな書見台と一緒に）祭壇の中央部分（あるいはやや左寄り）に準備します。どのページを用いるかについては、司祭がミサの前に確認します。

ろうそく

　祭壇上の前方（できれば祭壇の近く）に、ろうそくを配置します。その際に、ろうそくが短くなりすぎていれば、新しいろうそくと取り替えておきます。ろうそくに火をつけるのは、祭儀が始まる5分くらい前ですが、これは奉仕者（侍者）に任せるとよいでしょう。

第四章

季節の典礼の準備

第四章　季節の典礼の準備

１― 待降節

アドヴェント・クランツ（待降節のろうそく）

（１）アドヴェント・クランツとは

　樅の木の小枝で作った輪に四本のろうそくを立てたアドヴェント・ク
ランツ（あるいはリース）と呼ばれている飾りは、もともとドイツ東部
のルター派のもとで始められ、十六世紀頃から次第に他のプロテスタン
トおよびカトリックの信者の間に広がりを見せた家庭的な慣習です。

　待降節の第一主日から日曜日ごとに一本ずつ点火して四本目まで来る
と、クリスマスはもう数日後になります。これは、家族全体で心の準備
をしながら、指折り数えて主の降誕を待つための工夫（しるし）という
ことができます。このアドヴェント・クランツ（待降節のろうそく）の
飾りは家庭的な習慣であり、典礼法規で規定されているものではありま
せん。これを小教区の典礼に取り入れるかどうか、小教区の司祭や典礼
委員会と相談して決めましょう。

（２）待降節のろうそくのシンボル

　アドヴェント・クランツの輪は、神の民が待ち望んでいた救い主の訪

れの「時が満ちた」ことを示しています。それはまた、救いのわざを成し遂げて復活したキリストが、終末のときに「勝利と栄光の王」として再び来られることを表す王冠のシンボルでもあります。

　このように待降節のろうそくは、とくにアブラハムの時代から神の民の中で、救い主の到来を待ち望む信仰の光が灯されてきたことを表すと同時に、わたしたちの心が、王であるキリストの再臨を待つ希望の光で照らされて行くことを示しています。

（3）作り方（一例）
　クリスマスまでの準備期間の四週間を示す四本のろうそくを用意します。日本では樅、杉などの緑色の小枝で作った輪に、四本のろうそくを立てることができるように工夫します。（小枝の輪の中央に、主の到来を表す五本目のろうそくを置くこともあるようです。）【図58】この輪は適当な台の上にのせて、祭壇の前あるいは朗読台の前（横）などに置くとよいでしょう。これを祭壇の上に置くのはよくありません。

【図58】アドヴェント・クランツ

（4）片付けの時期
　時々、アドヴェント・クランツが、降誕節の間にもそのまま残されているのを目にすることがあります。けれども、アドヴェント・クランツは、待降節を有意義に過して行くための工夫として始まった習慣ですから、（主の到来を示す五本目のろうそくが置かれているような場合を除けば）主の降誕の夜半のミサ前には片付けます。その後は（後述する）まことの命・光であるキリストを表すクリスマス・ツリーがそれに代わるものとなります。

2 ― 降誕節

馬小屋作りではなく飼い葉桶作り

　主の降誕を前にして、その情景を想起させるために行われる飾り付けのことが、しばしば「馬小屋作り」と言われることがあります。しかし、福音書の中でキリストが誕生された場所に関しては、「彼ら（ヨセフとマリア）がベツレヘムにいるうちに、マリアは月が満ちて、初めての子を産み、布にくるんで飼い葉桶に寝かせた」（ルカ2・6）という記述しかありません。また、飼い葉桶とともに置かれる家畜は、下記のイザヤ書1・3に基くもので、馬ではなく、牛とろばであることに気をつける必要があります。

　「牛は飼い主を知り、ろばは主人の飼い葉桶を知っている。
　しかし、イスラエルは知らず、わたしの民は見分けない。」

　主の降誕の日に、飼い葉桶の中に幼子が寝かされることになります。自分の主人とその飼い葉桶を見分けることを知っている牛とろばのように、現代のわたしたちにも、飼い葉桶に寝かされた幼子が誰であるのかを見分けてほしいという無言の問いかけが、そこに込められています。

　このような聖書的な意味から、馬小屋作りというよりも、飼い葉桶作りといった方が適切でしょう。しかし、このような飼い葉桶作りは、典礼法規で求められていることではなく、教

【図59】飼い葉桶作り

会の伝統的な慣習によるものです。【図59】

　1223年の降誕祭に、イタリア中部の町グレッチョでは、アッシジの聖フランシスコのアイデアで、森の中の洞窟に、本物の牛とろばを連れて行き、飼い葉桶を祭壇としてミサが行われたようです。それは、きらびやかな聖堂の中ではなく、御子イエスのへりくだりを実感させる自然の貧しい状況の中で、主の降誕を祝うためでした。主の降誕の情景を想起させる人形などの飾り付けは、このような聖フランシスコのアイデアの影響を受けて広がって行ったようです。

　わたしたちも、クリスマスの飾り付けの華やかさに気を奪われることなく、今もなお、とくにミサの中で聖体の秘跡として、この地上にお生まれになる謙遜な御子についての黙想を促すような質素な飾り付けを心がけたいと思います。

飾り付けの時期

　待降節の第一主日からすでにクリスマスの飾り付けが行われて、後は飼い葉桶の中に幼子イエスの像が置かれるばかりの状態になっているのをしばしば見かけますが、飼い葉桶などの飾り付けを始めるのは、いつ頃が適当でしょうか。

　『ローマ・ミサ典礼書の総則』（305）で「待降節には、この季節の特徴にふさわしい節度をもって、祭壇を花で飾ることができる。ただし、主の降誕の満ちあれる喜びを先取りしないようにする」と指摘されていることを考慮すると、あまり早くから飾り付けに取りかかるのは、ふさわしくないように思います。

　端的に言って、主の降誕の夜半ミサに合わせて、飼い葉桶けなどの飾り付けを行ってもよい訳です。しかしそれでは、あまり遅過ぎるのではないかと思われますので、待降節の第三主日を一つの目処にすることができるのではないでしょうか。この第三主日は、主の降誕が間近に迫っ

ている喜びを控えめに表すため、ばら色の祭服を用いることができる日（『ローマ・ミサ典礼書の総則』346 参照）になっているからです。

　あるいは、すでに一つの工夫として行われているように、待降節の第一主日から段階的に、主の降誕に至るまでの種々の出来事を思い起こさせる飾り付けを行うこともできます。

　例えば、第一週：マリアへのお告げの場面（ルカ 1・26-38 参照）、第二週：ヨセフへのお告げの場面（マタ 1・18-25 参照）、第三週：ヨセフとマリアが住民登録のためにベトレヘムに着いた場面（ルカ 2・1-5 参照）、第四週：羊飼いたちが野宿しながら羊の番をしている場面（ルカ 2・8-14 参照）、そして、主の降誕当日、飼い葉桶に幼子イエスが置かれる（ルカ 2・15-20）というような方法です。

　いずれにしても、毎年、どのようなクリスマスの飾り付けを行ったのか、写真を撮っておき、参考にしていくとよいでしょう。

クリスマス・ツリー

　飼い葉桶と同様に、教会の伝統的な慣習として、クリスマスの飾り付けに欠かせないものとなっているのがクリスマス・ツリーです。教会だけではなく、一般の家庭やお店などにも、クリスマス・ツリーが飾られます。【図60】

　この習慣は、中世ヨーロッパでクリスマス・イヴのミサ前に、その序幕として教会の正面で行っていた宗教劇（楽園における堕罪）に起源があると言われています。この劇には、アダムとエバ、悪魔、楽園を守っている天使（ケルビム）が登場し、その舞台には「善悪の知識の木」（創 2・17）を象徴する木が立てられました。地域毎にその土地の樹木が

【図60】クリスマス・ツリー

用いられていたようですが、ドイツでは常緑樹の樅の木に、りんごの実がさげられるようになりました。またこの宗教劇では、「善悪の知識の木」の実を取って食べた人祖によって人類全体にはびこった罪をあがなうため、神は救い主を与えられるという約束を示すため、りんごと並んで種なしパンが飾られたようです。

　次第に、このような宗教劇が行われなくなっても、樅の木を立てる習慣だけは、クリスマスのシンボルとして残って行きました。クリスマス・ツリーは、人類が近づけなくなった楽園の命の木（創3・24）への道を切り開くため、エッサイの株から育った若枝（イザ11・1参照）として救い主キリストがこの世に生まれ、十字架の木によって罪を滅ぼし、豊かな実を結ぶ命の木（黙22・2参照）となられたことを象徴するものです。

　十六世紀のアルザス地方で始められ、十七世紀頃から各地へ広がりを見せたクリスマス・ツリーは、りんごと並んで種なしパンが飾られた素朴なものでした。しかし、次第にいろいろなものが掛けられるようになり、その聖書的な象徴性が失われて行き、非難の対象となったこともありました。（現代、わたしたちが目にするクリスマス・ツリーを見ても同様のことが言えるのかもしれません。）

　このような非難に対して、クリスマス・ツリーに聖書的な象徴性を回復させようとして用いられたのが、火を灯したろうそくを付けるという工夫でした。こうしてクリスマス・ツリーは、暗闇の中で輝く光、この世に来られたキリストを表すシンボルとして、今日ではイルミネーションを伴う光の木として用いられ続けています。

　わたしたちが教会でクリスマス・ツリーを飾るとき、このような歴史的な教訓を生かして、派手な飾り付けを避けたいものです。そのためには、クリスマス・ツリーの「光の木」として象徴性を浮き彫りにして、樅の木や杉の木にイルミネーションを施す程度の質素なものでよいので

はないでしょうか。

片付けの時期

　飼い葉桶やクリスマス・ツリーなどの飾り付けは典礼法規で求められていることではないため、当然これらのものをいつ片付けるのかについての明確な規定もありません。一つの区切りとして考えられるのが、主の公現のミサです。主の公現の後、主の洗礼まで降誕節は続くのですが、主の公現後から主の洗礼までのミサの福音朗読の箇所を見ると、主イエスがその宣教生活の主な出来事を通して、次第に神の御子であるご自分の神性を現して行かれるというテーマになっているからです。

3— 四旬節

灰の水曜日【図61】

灰の用意

　①灰の式のために用いる灰は、前年の「受難の主日」（枝の主日）に祝福された枝を焼いて準備します。

　②そのために前もって信者に、祝福された枝を家に保管している人がいれば、教会に持ってきてくださるように連絡をします。

　③枝を焼くための用具（缶など）は毎年繰り返して用いるため、備品として保管しておくとよいでしょう。

【図61】灰の水曜日

　④焼いた灰は湿気を帯びやすいので留意して保管します。そのために必要に応じて乾燥剤を入れておくとよいでしょう。

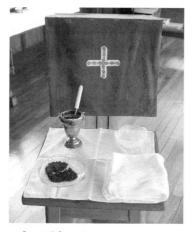

その他の準備（通常のミサの準備以外に必要なもの）【写真①】
- □灰を入れた容器
- □聖水を入れた灌水器
- □上記のものをのせる台
- □灰の式後に司祭が手を洗う水を入れた容器
- □手拭き（適当であればウェットティッシュ）

【写真①】通常のミサの準備以外に必要なもの

残った灰は、教会の庭に小さな穴を掘ってそこに埋めたり、植木の根元などにかけて土に戻すとよいでしょう。

四旬節第一主日：入信志願式の準備　第五章１―（２）を参照。

聖週間

受難の主日（枝の主日）【図62】

　四旬節の第六主日に当たる「受難の主日」から聖週間に入って行きます。この日、教会は、キリストが救いのわざを成し遂げるためにエルサレムにお入りになったこと（マタ21・1-11、マコ11・1-10、ルカ19・28-38、ヨハ12・12-19）を思い起こすため、ミサのはじめに枝をもって行列を行います。そのため、受難の主日は「枝の主日」とも呼ばれています。

　イスラエルには、「道に衣服を敷いたり」（王下9・13）、「しゅろの枝」（一マカ13・51）をかざしたりして、王を喜び迎える習慣がありました。子ろばに乗ってエルサレムに入られるイエスを迎える群衆は、マタイによると「木の枝」（21・8）、マルコによると「葉の付いた枝」（11・8）を

道に敷いたと言われています。ルカは枝のことについて触れていませんが、ヨハネは「なつめやしの枝を持って迎えに出た」（12・13）と枝の名前をしるしています。

ところで、イスラエル人たちが王を喜び迎えるために用いた木の枝は、常緑樹のものだったと言われています（しゅろもなつめやしも常緑樹）。常緑樹の枝の方が、落葉樹の枝よりも、王を歓迎するためにふさわしいしるしです。

受難の主日に用いる枝について、ヨハネが記している「なつめやしの枝」が簡単に手に入るような地域の教会であれば、なつめやしを用い

【図62】受難の主日

る方が理想的です。けれども地理的にそれが難しい地域の教会では、その地域の木の枝、しかもシンボル的には落葉樹ではなく、できれば常緑樹の枝を選ぶことになります。そのために典礼儀式書の中では「枝」と書かれているだけで、その種類まで指定されていません。日本では、通常、しゅろやソテツが用いられます。

枝の用意

①受難の主日に用いる枝は、できれば信者各自が用意して、主をお迎えする形が望ましいと思います。しかし現代では、しゅろやソテツを個人で手に入れることが困難な状況にありますので、教会の方で準備する必要がある所も少なくありません。

②教会の方で準備する場合には、どこから枝を調達するのか、何本くらい準備すればよいのかを、前もって確認しておきましょう。

③会衆全員のために枝を入手するのが困難な場合には、少なくとも行列用十字架、助祭、奉仕者（侍者）が用いる枝だけでも準備しましょう。

（司式司祭はキリストの代理をする者であるため枝を用いません。）もし枝の数に余裕があれば、生け花の代わりに、枝を生けるのもよいのではないでしょうか。

　④しばしば汚れがひどい枝もありますので、簡単に水洗いしておきましょう。また、枝の根元は手に持つ部分になるため、持ちやすいように、ある程度削り取ってケガのないようにしましょう。

行列を開始する場所に

□机（枝をのせるもの）

□枝（余分に用意する）

□聖水を入れた灌水器

□朗読をするための台（必要に応じて）

□香、香炉、炭（10分くらい前に火をつける）、マッチ

□枝をさした行列用十字架

□ろうそく二本（5分くらい前に火をつける）

□「聖週間の典礼」儀式書

聖堂内に（通常のミサに必要なもの以外）

□受難の朗読のために補助的な朗読台（二つ）

祝福された枝の保管

　ミサ後、教会に残された枝は、翌年の灰の水曜日に灰を作るまで、きちんと紙に包んで保管します。"祝福された枝"と明記しておくとよいでしょう。

受難の月・火・水曜日

　この受難の三日間に、特別な典礼は行われません。しかしミサの聖書朗読を通して、イザヤによる苦しむ主のしもべの預言（第一朗読）と、主イエスが進んで苦しみを受ける直前の出来事（ベタニアでの塗油・ユダとペトロの裏切り）を黙想させて、聖なる過越の三日間への準備となるよう配慮しています。

　《月曜日》
　・第一：イザ 42・1-7（主のしもべの召命）
　・福音：ヨハ 12・1-11（ベタニアで香油を注がれる）
　《火曜日》
　・第一：イザ 49・1-6（主のしもべの使命）
　・福音：ヨハ 13・21-33；36-38（ユダとペトロの裏切の予告）
　《水曜日》
　・第一：イザ 50・4-9a（主のしもべの忍耐）
　・福音：マタ 26・14-25（ユダの裏切り）

聖香油のミサ

　キリストによって新約の祭司職が制定されたことを記念するため、慣習によって聖木曜日の午前中に行われるミサの中で、司教は自分の教区内の各地域から集まってきた司祭団とともに共同司式をして、洗礼・堅信・叙階のために用いる香油を聖別し、また入信志願者（洗礼志願者）用の油、病者用の油を祝福することになっています。

　司祭団は、司教の協力者として、これらの油を用いて、キリストの祭司職の役務を遂行することになります。これは、使徒たちの後継者である司教とその協力者である司祭団との深い結びつきを示すもの

です。

　これら三種類の油を区別するため、伝統的には入信志願者用の油（Oleum Catechumenorum）の壺には赤、病者用の油（Oleum Infirmorum）の壺には紫、聖香油（Sanctum Chrisma）となる香油の壺には白の覆いが掛けられ、奉納のとき、入信志願者用の油、病者用の油、香油、その後にパン・ぶどう酒の順序で奉納行列が行われます。そして病者用の油の祝福は奉献文の栄唱の前に、入信志願者用の油の祝福と香油の聖別は、拝領祈願の後に行われます。

　また、このミサの中で説教の後に、司教と司祭は叙階のときの約束を思い起こし、決意を新たにするため、約束の更新を行います。信仰宣言と共同祈願は省かれることになっています。ただし、この聖木曜日の午前中に、司教とともに司祭や助祭および信者が集まることが困難な場合には、復活祭に近い他の日（受難の月・火・水）を選んで行う（「聖香油のミサの緒言」10）ことができるようになっています。

　このミサの後に、それぞれの司祭は三種類の聖油を小さな容器に分けていただき持ち帰ります。そして香部屋の一定の場所に保管することになっています。

名　　称	略号	用　　途
入信志願者用の聖油 Oleum Catechumenorum	【O.C.】	入信志願式
聖香油 Sanctum Chrisma	【S.C.】	洗礼式、堅信式、叙階式 （助祭叙階を除く）
病者用の聖油 Oleum Infirmorum	【O.I.】	病者の塗油

第四章　季節の典礼の準備　79

　前年度の聖油が残っていれば、それはまだ使って行くことはできるのですが、一年に一度、この聖香油のミサを目処にして、新しい聖油と取り替えるようにします。また司祭と相談して、前年度の聖油は、脱脂綿などに染み込ませて焼却するようにしましょう。

4 ― 聖なる過越の三日間と復活節

　すべての人を救うため、受難と死を通して復活の栄光に入られたキリストの過越の神秘が三日間かけて盛大に祝われます。この聖なる三日間の典礼は一年の典礼暦年の頂点にあたるもので、その準備もいろいろあります。香部屋係はその務めをよく果たせるように（香部屋係が他にいるならばいっしょに集まり）、司式司祭と打ち合わせの時間を取ることが必要です。

　「聖週間の典礼」の儀式書を前もってよく読み、とくに赤字で書いてある典礼注記（ルブリカ）に注意し、香部屋係が用意すべきものを拾い出し、チェック・リストをつくるとよいでしょう。

第一日目

　聖なる三日間という場合の一日の数え方は、今日の数え方と違い、一日の始まりが日没時という、当時のユダヤ教の数え方に従っています。第一日目は、木曜日の日没から金曜日の日没までを指します。イエスが最後の晩さんを行ってから、ゲツセマネの園で祈りのうちに夜を明かし、捕らえられて裁判にかけられ、苦しみを受け十字架上で息を引き取り、墓に葬られた日に当たります。

　教会はこれに合わせて、木曜日の日没後に「主の晩さんの夕べのミサ」を行い、その後、聖体を安置所に移して夜半頃まで聖体礼拝を行います。

また、「祭壇には何も飾らず、十字架も、ろうそくも、祭壇布も用いない」（「主の受難」の祭儀　緒言2）ことになっています。

そして、主が十字架に掛けられて息を引き取られた金曜日の午後三時頃に、「主の受難」の祭儀を行って、キリストの受難と死を黙想します。古代の伝統に基づきミサを行いません。

主の晩さんの夕べのミサ【図63】

【図63】主の晩さん

洗足式【写真②】
　□水入れ（水またはぬるま湯）
　□洗足のための桶
　□（足をふく）タオル

　□必要に応じて司祭用の前掛け
　□洗足式の後に司祭が手を洗うための鉢　□水差し（水）　□手拭き

感謝の典礼

〈奉納するもの〉【写真③】
　□種なしパンを入れた聖体容器（ピクシス）
　　（聖金曜日の「主の受難」の祭儀において、聖体を拝領する人数分の種なしパンを加えておく）
　□ぶどう酒（両形態の拝領を行うかどうかにより量を決める）
　□献金

第四章　季節の典礼の準備　81

〈祭器卓に〉【写真④】

　□ミサ典礼書
　□カリス（両形態の拝領を行うかどうかによりカリスの数を決める）

【写真②】洗足式に用いるもの

【写真③】奉納するもの

【写真④】祭器卓に

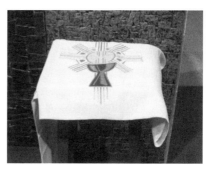

【写真⑤】肩掛け

　□プリフィカトリウム
　□コルポラーレ
　□手洗い鉢　□水差し（水）　□手拭き

聖体安置所への行列のため

　□香入れ、香炉
　□行列用十字架
　□ろうそく（二本）

□肩掛け（フメラーレ）【写真⑤】

聖体安置所の準備
　□仮聖櫃（それを置く台など）　□仮聖櫃の鍵
　□コルポラーレ

ミサの後に
・祭壇上のすべてのものを取り除き、裸の状態にします。
・主の受難をよりよく黙想する手段（工夫）として、聖堂内の十字架のイエス像やその他の聖像に紫の覆いを掛ける習慣がある所では、このときに行うとよいでしょう。

主の受難の祭儀【図64】

【図64】主の受難

祭壇
　何も飾らず、十字架も、ろうそくも、祭壇布も用いないことになっています。

ことばの典礼
　□（通常の朗読台の他に）受難の朗読のために補助的な朗読台（二つ）

十字架の崇敬【写真⑥】
　□崇敬のために用いる十字架

□十字架を立てる台
　□（十字架に覆いを用いる場合は）紫布
　□ろうそく（二本）

【写真⑥】十字架

聖体拝領
　□（聖体安置所に）肩掛け（聖体を移動するときに用いる）
　□（祭器卓に）祭壇にかぶせる食卓布
　□コルポラーレ

第二日目

　第二日目は、金曜日の日没から土曜日の日没までを指し、主が墓に葬られていた日に当たります。教会は、この日、霊的に「主の墓にとどまって、その受難と死をしのび、祭壇の飾りを取り除きミサもささげない」（聖土曜日の緒言）ことになっています。

第三日目

　第三日目は、土曜日の日没から日曜日の日没までを指します。教会は、

古来の伝統に基づき、神のために守る徹夜の日（出 12・42）として復活徹夜祭を行い、主の過越を盛大に祝います。

　翌朝にも、主の復活のミサがささげられ、晩の祈りで聖なる三日間が閉じられることになります。

復活の聖なる徹夜祭

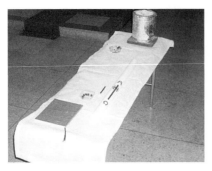

【写真⑦】光の祭儀のため

【写真⑧】参加者のためのろうそく

光の祭儀のため【写真⑦⑧】
〈光の祭儀を始める場所に〉
　　□参加者のためのろうそく
　　□炭火を入れた七輪
　　□割り箸（炭火に入れて燃やす）
　　□点火用の糸ろうそく
　　　・炭火から復活のろうそくに火をつけるためのもの
　　　・復活のろうそくから会衆のろうそくに火をつけるためのもの
　　□復活のろうそく
　　□（受難の傷を示す）赤ろう（五粒）
　　□復活のろうそくに文字を刻む先の尖ったもの

□香入れ、香炉、香炉用スタンド
　　□「聖週間の典礼」儀式書
　　□ペンライト（暗闇の中での典礼のため、司式司祭用に）
〈聖堂に〉
　　□復活のろうそく立て
　　□懐中電灯（オルガニストが復活賛歌を弾くときに用いる）

ことばの典礼

　　□小鐘（栄光の賛歌のとき、聖堂の鐘または小鐘を鳴らすことができる）
　　□祭壇用のろうそく（栄光の賛歌の前に点火する）

洗礼・堅信の儀

〈洗礼・堅信が行われるとき〉
　　（第五章「1 ― 成人のキリスト教入信式」を参照）

〈受洗者がいないとき〉
　　（洗礼の約束の更新が行われる）
　　□水を入れた灌水器【写真⑨】
　　　（式の中で水を祝福して用いる）

感謝の典礼

　通常のミサの準備
　（受洗者がいるとき、受洗者にパンとぶどう酒の奉納を依頼するとよい）

【写真⑨】水を入れた灌水器（左）

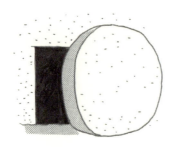

主の復活のミサ【図65】

通常のミサの準備の他に
□復活のろうそく
□香入れ、香炉、香炉用スタンド

【図65】主の復活

復活のろうそくを使用する期間

　復活のろうそくは、復活されたキリストと永遠の命を象徴するものです。そのため、毎年、新しくろうそくを準備し、復活徹夜祭の時に祝福し、復活節に行われるミサをはじめ、その他の祭儀の時に火を灯します。第二バチカン公会議以前の典礼では、主の昇天のミサの福音朗読後に、復活のろうそくの火を消して片付けていましたが、現在の典礼では、復活節が終わる聖霊降臨の主日まで用いられます。

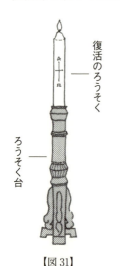

【図31】　復活のろうそく／ろうそく台

　受難の前に、主イエスは弟子たちに「別の弁護者」（ヨハ16・7）を遣わすことを約束されました。また主イエスは、それを「御父の約束されたもの」（使1・4）とも仰せになっていたように、聖霊は、主の受難（死）・復活・昇天という過越の神秘の実りとして、御父とその右の座に着かれた御子キリストによって与えられる恵みです。

　そのため、復活のろうそくは聖霊降臨の主日（晩の祈り）まで用いられるのです。その後、このろうそくは洗礼所に移され、洗礼式や葬儀の時に用いられることになっています。【図31】

第五章

種々の典礼祭儀に必要な準備

第五章　種々の典礼祭儀に必要な準備

　種々の典礼祭儀に必要な準備は、それぞれの儀式書の緒言や典礼法規の中に記されています。ここでは、主に小教区で行われる典礼祭儀に必要なものを確認しておきましょう。

1― 成人のキリスト教入信式

儀式書

　　カトリック儀式書『成人のキリスト教入信式』（カトリック中央協議会）

用意するもの

（1）入門式

　　□朗読聖書

　　□聖歌集

　　□求道者に贈る聖書、または十字架など

　　□「主の祈り」を書いた紙（授与の形式によって）

〔備考〕

　　通常、入門式は「ことばの祭儀」として行われます。入門式がミサ中に行われるときは、ミサに必要な祭具一式を準備します。

90

（2）入信志願式

□ミサに必要な祭具一式

□入信志願者用の聖油（O.C.）

□入信志願書

□「信条」を書いた紙（授与の形式によって）

〔備考〕

　通常、入信志願式は、四旬節第一主日のミサの中で行われます。ミサがない場合の入信志願式は、「ことばの祭儀」の中で行われます。

（3）入信の秘跡

〈洗礼と堅信〉【図66】

□洗礼盤（洗礼盤のない所ではふさわしい器）と水

□額を拭くタオル

□白衣

□ろうそく（受洗者が持つ）

□復活のろうそく

□聖香油（S.C.）

□パン切れとレモン（聖香油を拭きとるため必要に応じて）

〔備考〕

　通常は、復活徹夜祭のミサの中で行われ、引き続き初聖体が授けられます。

2― 幼児洗礼式 【図67】

儀式書

　カトリック儀式書『幼児洗礼式』（カトリック中央協議会）

第五章　種々の典礼祭儀に必要な準備　91

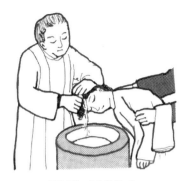
【図66】成人洗礼式

【図67】幼児洗礼式

用意するもの
- □ミサに必要な祭具一式
- □洗礼盤（洗礼盤のないところではふさわしい器）と水（あるいはぬるま湯）
- □額を拭くタオル
- □聖香油（S.C.）
- □パン切れとレモン（聖香油を拭き取るため必要に応じて）
- □白衣
- □ろうそく（両親または代父母がもつ）
- □復活のろうそく

〔備考〕
　幼児洗礼式はできる限り、教会が主の過越の神秘を記念する主日のミサの中で行うようにします。

3— ゆるしの秘跡【図68】

儀式書
　カトリック儀式書『ゆるしの秘跡』（カトリック中央協議会）

【図68】ゆるしの秘跡

用意するもの

（１）個別のゆるしの式

　□ゆるしの秘跡の式次第(小冊子)

　□司祭用のストラ（紫）

　※聖堂に告白場がない場合

　□司祭用の椅子　□ひざまずき台

　□信者用の椅子（必要に応じて）

（２）共同回心式（個別告白・個別赦免を伴なう）

　□ことばの祭儀（あるいはミサ）に必要な祭具一式

　□個別のゆるしの式と同じものの準備（司祭の数に応じて）

4― 結婚式 【図69】

儀式書

カトリック儀式書『結婚式』（カトリック中央協議会）

【図69】結婚式

用意するもの

□ことばの祭儀あるいはミサに必要な祭具一式

□新郎新婦用の席　□ひざまずき台

□二人の証人の席

□結婚の誓約のことばを書いた色紙（必要に応じて）

□指輪　□聖水を入れた灌水器

□結婚証書　□万年筆　□署名のための小さなテーブル（必要に応じて）

□朗読聖書、聖歌集、会衆用式次第（パンフレット）など

〔備考〕

　結婚式は、典礼暦年の精神から聖金曜日、聖土曜日には控えることになっています。

　また、署名は祭壇の上では行わないことになっています。

5 ― 病者の塗油【図70】

儀式書

　カトリック儀式書『病者の塗油』（カトリック中央協議会）

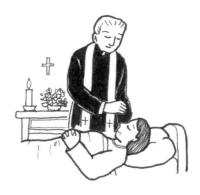

用意するもの

　□小さな机、十字架、ろうそく
　□聖書（必要に応じて）
　□病者用の聖油（O.I.）
　□脱脂綿（油を拭き取るため）
　□聖水を入れた灌水器（必要に応じて）
　□病者の洗礼名と氏名を書いた紙（司祭のために）

【図70】病者の塗油

〔備考〕

　司教によって祝福された病者用の聖油が手元にない場合、司祭自身がオリーブ油か他の植物油を、その場で祝福して用いることもできます。

6 ― 通夜・葬儀

儀式書

　カトリック儀式書『葬儀』（カトリック中央協議会）

（1）通夜（教会で行われる場合）

用意するもの

　　□柩を置く台　□柩を覆う（白）布

　　□復活のろうそく（柩のそばに置く）

　　□祭壇のろうそく

　　□遺影

　　□献香・焼香のために必要な祭具一式（香入れ、香炉など）

　　□献花を行う場合は、そのための花と台

　　□聖水を入れた灌水器

　　□朗読聖書、聖歌集、会衆用式次第（パンフレット）など

〔備考〕

　遺体は一般に頭部を祭壇に向けて安置する場合が多いようです。しかし、内陣の構造などの事情を考慮して、祭壇と並列に遺体を置いても差し支えありません。

（2）葬儀

用意するもの

　　□感謝の祭儀（ミサ）を行う場合は、必要な祭具一式

　　□柩を置く台　□柩を覆う（白）布

　　□復活のろうそく（柩のそばに置く）

　　□祭壇のろうそく

　　□遺影

　　□献香・焼香のために必要な祭具一式（香入れ、香炉など）

　　□献花を行う場合は、そのための花と台

　　□聖水を入れた灌水器

　　□朗読聖書、聖歌集、会衆用式次第（パンフレット）など

7 ― 聖体賛美式

儀式書

　カトリック儀式書『ミサ以外のときの聖体拝領と聖体礼拝』（カトリック中央協議会）聖体賛美式（pp.90〜98）

用意するもの

　□ろうそく

　□聖体顕示器（オステンソリウム）

　□コルポラーレ（聖体顕示器の下に敷く）

　□香入れ、香炉、香炉用スタンド

　□聖櫃の鍵

　□フメラーレ（習慣にしたがって）

　□ひざまずくときの小さなクッション（必要に応じて）

8 ― その他の儀式

　その他にも、叙階式や献堂式など、種々の儀式が行われることもあるでしょう。それぞれの儀式書のとくに「緒言」や典礼法規の中に、必要なものが述べられていますので、それをよく見て準備しましょう。

第六章

洗濯と管理

第六章　洗濯と管理　99

第六章　洗濯と管理

１— 聖布の洗濯とアイロンがけ

カリス拭き（プリフィカトリウム）と**手拭き**（マヌテルジウム）
〈洗濯〉

　①プリフィカトリウムはカリスを拭くときに使い、キリストの御血が染みている場合がありますから、まず下洗いをします。小さなタライを、そのために用意しておくとよいでしょう。

　②下洗いした水は下水にではなく、香部屋の中に、祭儀で用いた水を流せる特定の場所（サクラリウム）があるなら、そこに流します。もしなければ、植木などに注いで自然に戻すようにします。

　③下洗い完了後は、手拭きや他の布類といっしょに洗濯します。しかし、着物や肌着などの普通の洗濯物とは、いっしょに洗わないように気をつけましょう。

　④脱水機から出したら、しわを伸ばし、たらいに一枚一枚を（四つ折りくらいに）たたんで積み重ねます。そして、干さずにビニール袋で覆っておきます。

〈アイロン掛けのコツ〉

①濡れている布に掛けるようにします（洗濯直後でなく、半日くらいおきます）。

②表にだけ掛けます。そうするとツヤのあるきれいな仕上がりとなるようです。

③「麻」に対応する熱さでかけます。スティーム・アイロンならば、それをOFFにしてかけます。

④まず形を整えます。そして端の方から少し力を入れて、ほとんど乾くまでは、アイロンを同じ方向から当てて行きます。もどったり、逆から掛けたりしないようにします。

〈布のたたみ方〉

①カリス拭きは三つ折り（横）二つ折り（縦）十字架は中央に。【図71】

②手拭きは四つ折り（横）二つ折り（縦）十字架は布の端に。【図72】

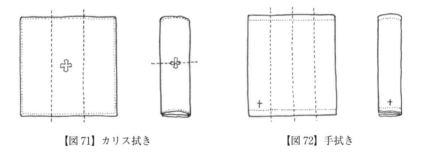

【図71】カリス拭き　　　　【図72】手拭き

コルポラーレ

〈洗濯とアイロン掛け〉

①コルポラーレは、毎回のように洗わなくてよいものです。汚れ具合を見て適当に洗うようにします。何もこぼれていなければ、手拭きと同じように、下洗いせずに洗います。

②しっかりと脱水して、きちんと折りたたみ、ケイコー糊を入れたと

きは干します。ケイコー糊を使用したときは、乾いてから"きりふき"をして形をととのえ、アイロンを掛けます。

③糊を入れないときは、「キーピング」（洗濯用糊）を使用します。キーピング→アイロン→キーピング→アイロン→キーピング→アイロンというように、キーピングを三回使用した方がよいようです。

④ろうを用いてコルポラーレをツヤのあるものに仕上げる方法。

・ろうをしみ込ませた四つ折り大のタオル（布）を常備しておきます。

・熱くしたアイロンを、ろうをしみ込ませた四つ折り大のタオルにのせると煙がたちます。そのアイロンをすぐにコルポラーレに当てます。

・こうしてコルポラーレに煙をしみ込ませると一層ツヤが出ます。

・この方法はコルポラーレのアイロン掛けをした後に行います。

〈たたみ方〉

中表にたたみます。司祭がミサの時に広げる手順を逆にしてたたみます。【図73】③と④の段階で左側を先にたたむか、右側を先にたたむかは、利き手によって、どちらでもよいと思います。

パラ

①パラは汚れがひどくなったときに洗います。布の中にはプラスチックが入っているものが多いようです。この場合、丸洗いできますが、昔の製品でボール紙が入っているものもありますので、洗うとき気をつけましょう。

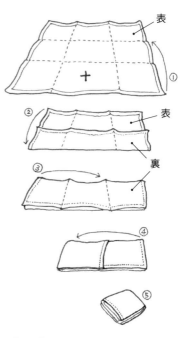

【図73】コルポラーレのたたみ方

②汚れのひどいところは、スポンジに石けんをつけて部分的に洗います。石けん水にそのままつけて三〜四時間ぐらいおきます。

③よくすすいで、乾いたタオルで水分をできるだけ取り、立てかけて干します。

アミクトゥス

①アミクトゥスは、他のミサの聖布と一緒に洗ってもよいと思います。その際、両脇に付いている二本の長いひもがもつれないように、結んで洗います。

②洗濯が終わったら、きれいに広げて形を整え、丁寧にアイロンを掛けてゆきます。布にアイロンを掛けたら、ひもにはアイロン掛けしないで折りたたみます。中表にしてたたみ、真ん中から半分【図74】、半分または三等分【図75】。

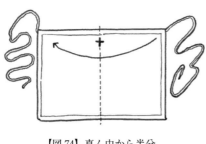

【図74】真ん中から半分

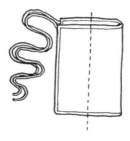

【図75】次に半分（または三等分）

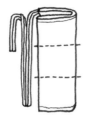

【図76】縦側部分を二つあるいは三つ折りにする

【図77】ひもを巻き付け、端を入れ込む

③ある程度の形にしてから【図76】、ひもにアイロン掛けをして巻き付け、端を入れ込むとできあがりです。【図77】

④アミクトゥス・ケープには、普通にアイロンを掛けます。

2— 祭壇布・祭具台の布類の洗濯と管理

祭壇布（マッパ）

①祭壇布（食卓布）は、年に二〜三回程度、定期的に交換するとよいのではないでしょうか。ぶどう酒がこぼれたり、ろうそくのろうが吹き散ったりして、汚れが目立つときには早めに洗いましょう。

②祭壇布にしみたぶどう酒は、長くそのままに放置しておくと落ちにくくなります。漂白剤を歯ブラシなどにつけて部分的にこすり、しばらく置いてから洗濯します。

③ろうそくのろうは、布の上と下から紙を当て、アイロンで溶かして取り除きます。

④以上の部分的な処置を行った後、洗濯機に入れて洗います。機種によって洗い方、脱水の程度を工夫するとよい仕上げができます。二槽式のものを使用すると洗濯時間が短縮され、布をいためず早く仕上げることができます。

⑤大きい祭壇布は二枚折りのまま干します。ハンガー掛けに干すとよいでしょう。継ぎ目のところにタオルを当てると、跡があまりつきません。

⑥祭壇布が麻布の場合にはアイロンを掛けます。麻布のものは糊を入れていると思いますから、軽い脱水の後、シーツをたたむときの要領で隅々をきちんと合わせ形を整えて折りたたみ、洗濯板などで少し押さえ、時間をおいてから半乾きくらいのときにアイロンを掛けます。

⑦麻布の祭壇布は、以前は大きい祭壇布ほど、ベニヤ板大の堅い台を用意してアイロンを掛けたりして、多くの時間と労力を費やしました。しかし布の選び方や洗濯後のたたみ方など、自分で創意工夫するといろいろな方法を考案できて、時間もかけずに楽しく仕上げることができます。

収納場所

祭壇布や祭具台の布類は、香部屋の適当な引出しに収納しておきます。他の人が見てもすぐに分かるように、引出しにはネームを付けておきましょう。

3— 祭服の洗濯と管理

アルバ

①よく使うアルバは、ハンガー掛けなどにつるしておきましょう。来客のためのアルバは、香部屋のタンスにサイズ別に収納しておくとよいでしょう。

②使用後には、乾かして体臭を抜いたり、衿の汚れを洗っておくと、ある程度きれいに保てます。また、使用後のしわが目立つときには、ハンガーに掛けたままその部分に霧（きり）を吹いておくと一晩でしわがなくなります。

③アルバは、年に三〜四回ほど洗濯しましょう。

④部分洗い：衿の部分、袖口、必要なら裾も、石けんで汚れを落とします。固形廃油石けんが一番よく落ちます。

⑤洗濯は、機種によって洗い方、脱水の程度を工夫すると、よい仕上がりになります。

⑥脱水のときのしわや折れ目をのばし、ハンガー掛けにつるします。アルバの縦の縫い目が縮んでいるところは、丁寧に力を入れて上から下の方向へのばします。

⑦干すとき、衿のところはしっかり立てましょう。

⑧以上の方法で洗濯すると、アイロンを掛ける必要はほとんどなくなります。

祭服

　その他の祭服は、ほとんど洗濯をしません。衿の部分には白い汗取りの布を縫込み、この白い汗取りの布だけを取り替えるようにします。もし必要があれば、クリーニングに出すとよいでしょう。

第七章

典礼と奉仕

第七章　典礼と奉仕

　これまで、わたしたちは「香部屋係」という典礼の準備段階における奉仕のあり方について見てきました。これからも「香部屋係」の務めを続けながら、さらに典礼についての学びを深め、また他の奉仕者との連携（協力）を強めて行くことができるよう、典礼と奉仕について考えてみましょう。

1― 典礼とは

　「典礼」という言葉は、一般的に、神仏を礼拝するため、また神仏からの恵みをいただくために行う〈定まった儀式・儀礼〉（『広辞苑』第四版）という意味で用いられているようです。ところで、カトリック教会で用いられている「典礼」という言葉には、どのような意味が込められているのでしょうか。

（1）典礼の祭司性
　「典礼」と訳されている教会ラテン語の Liturgia（リトゥルジア）という用語は、ギリシア語の「公的な奉仕」を意味する λειτουργία（レイトゥルギア）という言葉に由来しています（『カトリック教会のカテキズ

ム』1069参照）。この言葉は、ギリシア語を原文とする新約聖書の中で、神殿における祭司の礼拝の務め（ルカ1・23、ヘブ9・21、10・11）を示すだけではなく、まことの大祭司であるキリストが、「天におられる大いなる方の玉座の右の座に着き……仕えておられる」（ヘブ8・1-2）という表現にも用いられています。

このキリストは、神と人との唯一の仲介者（一テモ2・5参照）として、「……常に生きていて、人々のために取り成しておられるので、御自分を通して神に近づく人たちを、完全に救う」（ヘブ7・25）ことがおできになります。全人類に救いをもたらすための奉仕が、キリストの「変わることのない祭司職」（ヘブ7・24）です。このように、キリストの永遠の奉仕職（祭司職）を意味するLiturgia（リトゥルジア）という言葉を用いて、カトリック教会が表そうとしている典礼とは、全人類に救いをもたらすキリストの祭司職を、この地上で行使して行くことです。

第二バチカン公会議は『典礼憲章』（7）で、次のように説明しています。「典礼はまさしくイエス・キリストの祭司職の行使と考えられるもので、典礼において、人間の聖化が感覚的なしるしによって示され、それぞれのしるしに固有なしかたで実現される。そして、イエス・キリストの神秘体、すなわちその頭と部分によって、完全な公的礼拝が果たされる」。

（2）典礼の二重性

典礼には二重の側面（動き）が見られます。その一つは、まず父である神がキリストを通して人間を聖なるものとするために、感覚的なしるしを用いて聖霊の恵みを与えるという側面です。いわば〈神によって人間への公的な奉仕〉が行われるのです。典礼とは、第一に神がへりくだって人間に奉仕をなさる場であるという理解が重要なポイントです。

第七章　典礼と奉仕　111

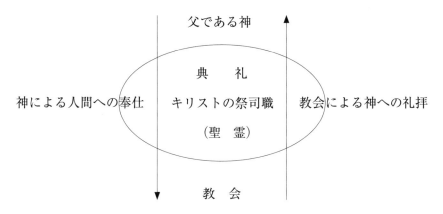

　また、このような絶えず先行する神の愛に促され、キリストの神秘体である教会は、頭であるキリストによって聖霊とともに、典礼をもって、父である神に公的な礼拝をささげることになります。これが典礼のもう一つの側面です。わたしたちは、神の愛に感謝し、それに応えて行くことによって、神の恵みを十分に生かして行くことができるのです。

（3）典礼の優位性
　さらに『典礼憲章』(10) は、「典礼は教会の活動が目指す頂点であり、同時に教会のあらゆる力が流れ出る源泉である」と、教会の諸活動における典礼の優位性を教えています。教会の宣教（預言職）も司牧（牧職）も、典礼（祭司職）からすべての恵みを受けて行われ、また典礼（神への礼拝）に向かっているのです。
　「宣教・司牧はまず祭壇から」というモットーさえあるように、教会の諸活動の中でも、まず典礼に力を注ぐ必要があります。

2— 典礼の挙行者・奉仕者

　天上で父の右に座しておられるイエス・キリストは、どのようにし

てこの地上で、ご自分の祭司職を行使されるのでしょうか。『典礼憲章』（7）は、キリストが「つねにご自分の教会とともにおられ、とくに典礼行為のうちにおられる」と説明しています。すなわち、復活されたキリストは、目に見える「いわば秘跡、すなわち神との親密な交わりと全人類の一致のしるし、道具」（『教会憲章』1）である教会の諸活動、とくにその典礼行為（活動）を通して働かれるというのです。

典礼を「挙行するのは、その頭と一つになったキリストのからだ」（『カトリック教会のカテキズム』1140）、すなわち全教会共同体です。そして、キリストのからだの肢体である一人ひとりの信者は、以下のそれぞれの立場で、典礼の真の挙行者であるキリストに奉仕する者です。

（1）受洗者の共同体（共通祭司職）

『典礼憲章』（14）は、次のように教えています。「母なる教会は、すべての信者が、十全に、意識的かつ行動的に典礼祭儀に参加するよう導かれることを切に望んでいる。このような参加は、典礼そのものの本質から求められるものであり、キリストを信じる民は、『選ばれた民、王の系統を引く祭司、聖なる国民、神のものとなった民』（一ペト 2・9。同 2・4-5 参照）として、洗礼によってこのことに対して権利と義務をもっている」。

典礼の挙行のために奉仕するのは、受洗者、すなわち洗礼と堅信の秘跡を受けて、キリストの祭司職にあずかっている信者の全共同体です。このように、すべての受洗者がキリストの祭司職にあずっていることを、「共通祭司職」（『カトリック教会のカテキズム』1141）という言葉で表現します。

（2）司教・司祭（役務的祭司職）

信者の共同体の中で、「ある人々は神によって、教会の中で、教会を通して、共同体の特別な奉仕に召されています。この役務者たちは叙階

の秘跡によって選ばれ、聖別されます。聖霊はこの役務者たちが、教会に属するすべての人に奉仕するために頭であるキリスト自身として行動することができるようにしてくださいます」（同 1142）。

　信者の共同体の中で、叙階の秘跡を受けて頭であるキリスト自身として行動することができる役務的な祭司職にあずかっているのが、司教・司祭です。とくに叙階の恵みの充満にあずかる司教は、ことばの役務や司牧に関してと同様、典礼の執行についても第一の権限を持っており、司祭はその司教の協力者として自分の職務を果たします（『教会憲章』26 参照）。

　キリストの名のもとに集まる信者の集会に、司教・司祭がいなければ、ミサをはじめ、堅信、罪のゆるし、病者の塗油などの重要な典礼行為を行うことができません。

（３）助祭

　助祭は、頭であるキリスト自身として行動することができる役務的祭司職のためではなく、「すべての人の奉仕者となられたキリストに似た者」（『カトリック教会のカテキズム』1569）となる奉仕の務めのために叙階の秘跡を受けます。助祭の主な任務は、諸秘跡とくにミサの祭儀が行われるときに、司教と司祭を補佐し、聖体を配り、結婚式に立ち会って祝福し、福音を朗読し、説教をし、葬儀を司式し、種々の愛徳の奉仕に献身することです（同 1570 参照）。

（４）他の奉仕者

　『ローマ・ミサ典礼書の総則』（98-99）によると、典礼における奉仕者としては、助祭以外にも、特別な養成を受けて選任された朗読奉仕者や祭壇奉仕者の固有な務めがあります。ただし、信者は、朗読奉仕職や祭壇奉仕職に選任された者でなくても、これらの奉仕職に含まれている

種々の務め、例えば福音以外の聖書の朗読、詩編の朗唱、共同祈願の意向の先唱、祭壇近くでの奉仕（侍者）を行うことができることになっています（同100-104参照）。また、歌による信者の積極的な参加を促す合唱指揮者、聖歌隊、オルガニストも大切な奉仕です。とくに大きな共同体においては、聖なる儀式を適切に指揮し、また奉仕者によって美しく、秩序正しく、信心深く行われるように配慮する者（式典長）を立てることが望ましいとされています。

　また、信者はこれらの奉仕の他にも、㋑祭服や祭具の準備をする香部屋係、㋺信者を祭儀に導き、よりよく理解させるために、信者に指示や説明を与える解説者、㋩聖堂で献金を集める者、㋥パンやぶどう酒および献金を奉納する者、㋭教会の入り口で信者を迎え、適当な席に案内し、行列を整理する案内係などの種々の奉仕があります。

3― 典礼奉仕の心

（1）互いに奉仕し合おう

　典礼奉仕は、多くの人のチーム・ワークによって成り立つものです。私たちの小さな働きが、キリストにおいて一つに結ばれることによって大きな効果もたらすものとなって行きます。私たち一人ひとりの奉仕は小さくても、典礼を通して働かれるキリストと連帯することにより、人間の小さな奉仕が偉大な神秘に変えられて行くのです。典礼の中では、セルフ・サービスではなく、互いに奉仕し合う精神が大切です。

　そのため小教区や共同体のメンバーが一人でも多く、典礼奉仕に携わることができるように配慮し、必要に応じて当番表などを作成することはすばらしいことです。典礼奉仕が自己主張の場になったり、一部の人によって独占されたりすることがないように心がけましょう。

　また、典礼奉仕には、直接、祭儀の挙行に関わる種々の奉仕だけでな

く、（この本で見てきた）香部屋係、生け花係、聖堂の掃除をする人など、準備の段階における奉仕もあります。これらは人目につかない奉仕ですが、典礼の執行のために重要な役割を担っていることを理解し、できる範囲で協力を惜しまないようにしたいものです。

（２）いっしょに準備し、振り返ろう

典礼奉仕は、その祭儀の執行そのものに関わる奉仕だけでなく、準備の段階から始まっています。よりよい典礼祭儀を行うために、その準備のための会合を大切にしましょう。典礼奉仕は、とくに、キリストの身分で行動する司祭への協力という形で現れてくる場合が多くなります。そのため準備の会合は、できる限り司祭を交えて行われる必要がありますし、奉仕者相互の意志疎通や連絡を密にすることも重要です。また、定期的に会合を開いて、自分たちの典礼奉仕の在り方について振り返りながら、よりよい典礼祭儀の挙行のために経験を積み重ねて行くようにしたいものです。

（３）典礼についての学びを深めよう

典礼奉仕を適切に行い、そのレベルを高めて行くためには、典礼について学び続けて行くことが大切です。個人的にあるいはグループで典礼関連の文献を読み続け、また小教区や教区レベルで開催される典礼研修会にも参加するよう心がけましょう。

（４）典礼奉仕の輪を広げよう

父である神は、御子イエス・キリストと聖霊の働きを通して、とくに教会の典礼活動の中で、今もすべての人のために救いのわざを継続しておられます。そのため、典礼奉仕は三位一体の神への奉仕であり、同時にそれは隣人の救いのための奉仕であるということができます。したが

って典礼奉仕は、神と隣人に対する愛に根ざして行われるものであり、当然、典礼外の場（日常生活）へと広がって行かなければなりません。典礼の中でいただく恵みによって、キリストの教会とその使命に結ばれるわたしたちは、典礼そのものが目指している三位一体の永遠のいのちに向かって、典礼における奉仕の輪を、日常生活における隣人愛の実践にまで広げて行くように心がけたいと思います。

（5）聖母マリアの心で

　聖母マリアは、典礼奉仕者、とくに（この本で見た）香部屋係の優れた模範ではないでしょうか。香部屋係の奉仕は、救い主イエス・キリストの救いのわざに隠れて奉仕しておられたマリアの協力に通じるものです。すべての人のために、今もなおイエス・キリストが、その教会を通して継続しておられる救いのわざに奉仕するため、聖霊に満たされた聖母マリアの助けを願いながら、典礼奉仕の心を深めて行きましょう。

❖引用・参考文献

『第二バチカン公会議公文書（改訂公式訳)』カトリック中央協議会

『ミサの式次第（2022 新版)』カトリック中央協議会

『典礼憲章』（第二バチカン公会議公文書）カトリック中央協議会

『ローマ・ミサ典礼書の総則』（暫定版）カトリック中央協議会

『典礼暦年の一般原則』カトリック中央協議会

『朗読聖書の緒言』カトリック中央協議会

『聖週間の典礼』カトリック中央協議会

『カトリック教会のカテキズム』の第二編　カトリック中央協議会

『カトリック教会文書資料集』エンデルレ書店

「新しい『ローマ・ミサ典礼書の総則』に基づく変更箇所 2015 年 11 月
　　29 日（待降節第 1 主日）からの実施に向けて」カトリック中央協議会

桑山隆著『礼拝と奉仕』聖公会出版

土屋吉正著『ミサがわかる』オリエンス宗教研究所

土屋吉正著『暦とキリスト教』オリエンス宗教研究所

泉富士男著『カトリックの冠婚葬祭』サンパウロ

O・クルマン著、土岐健治・湯川郁子訳『クリスマスの起源』教文館

監修：竹中正夫、編集：吉田恵『花の祈り』（キリスト教信仰といけばな）
　　教文館

大貫隆・名取四郎・宮本久雄・百瀬文晃編『岩波キリスト教辞典』岩
　　波書店

A・フリューラー著『新しい祭服』南窓社

八木谷涼子著『知って役立つキリスト教大研究』新潮 OH! 文庫

サンパウロ編『イラストで知るカトリック教会生活』サンパウロ

いのちのことば社出版部編『楽しい教会用イラスト集』いのちのこと

ば社

Denis Metzinger, "Servir la messe", Le Sarment / FAYARD

Michel Fauque, "Petit quide du servant de messe" C.L.D.

あとがき

主よ、どこに過越の準備を——

サン・スルピス司祭会　白浜　満

　私が長崎の公教神学校（現・長崎カトリック神学院）で学んでいた頃、聖堂係をはじめて任せられたときのことでした。図書室に行って、祭服や祭具の名前やその解説が書かれている手引書のようなものを探してみましたが、見つけることはできませんでした。先輩の神学生に聞いても、「そのような分野の解説書はまだ出版されていないのでは？」という返事が返ってきたのを覚えています。

　後でよく調べたところ、昭和8年に当時の仙台教区の浦川和三郎司教様が出版された『ミサ典禮』という本の第一部（ミサ聖祭の準備）、また昭和35年に発行された上智大学・独逸ヘルデル書房『カトリック大辞典』などにも、私の探していた内容の事柄が掲載されていることが分かりました。けれども、それは第二バチカン公会議以前の典礼法規に基づくものでしたので、公会議以後の典礼刷新に基づいた祭服や祭具の名前やその解説の手引きが欲しいという望みは、絶えず私の心中にありました。

　長崎の公教神学校を卒業して、福岡サン・スルピス大神学院へ進んだ私は、1990年3月19日に司祭叙階の恵みをいただき、また計らずも、母校で働くための道へと進むことになりました。そのため私は、モント

リオールで1年間、フランス語を学んだ後、パリのカトリック学院の高等典礼研究所で典礼と秘跡神学を専攻し、1995年4月から母校で典礼学を担当しています。教えることの難しさと同時に、「もっとしっかり勉強しなくては……」という焦りに駆られながら、2年半が過ぎようとしていた頃、カトリック新聞社から、毎月一回、典礼についての解説を書いていただけないかという依頼がありました。「自分には、まだそれだけの学識がない」と思いつつも、授業のためにすでに準備した内容、あるいはこれから授業の中で取り扱わなければならない事柄について、定期的に書き続けて行くことは、自分の学びを深める良い刺激になるような気がしました。また「今、お断りしたら、このような誘いを掛けていただくことはないだろう」という打算的な思いも重なり、引き受けてしまいました。

　1998年の2月以来、2004年の2月まで、毎月一回、「典礼をやさしく学ぼう」というテーマで連載を続けさせていただき、もうすでに6年の歳月が過ぎ、72回分の拙稿が積み重なりました。そしてこのシリーズの読者の方々から励ましの言葉をいただいたことが、この連載の原動力になりました。今回、共著という形でこの本をまとめることになった齊藤賀壽子さんもその一人です。齊藤さんは、私の記事をはじめから全部コピーして、一人の友人といっしょに感じたことや気づいたことを書き留めてくださったのです。私は本当に嬉しくなり、いつかはこのようなコメントを参考にしながら原稿を書き改めて、本にしてみたいという気持ちになりました。

　このような出会いの中で、2003年の5月、長らく香部屋係の奉仕を続けて来られた齊藤さんから、几帳面に書き留められたメモを見せていただきました。そこに記されていた香部屋係の奉仕の内容や工夫の在り方についての知恵は、机上の勉強しかしていない私にとって、目を見張るものがありました。そして、この時から齊藤さんの実践的な内容のメ

モと、私が「典礼をやさしく学ぼう」のシリーズで書いた記事の一部を
まとめて、小神学生の頃からの夢を叶えたいと思うようになりました。

典礼の準備段階の奉仕に多くの人が興味を持ち、実際にその奉仕がよ
くできるように、この度、教友社の御支援により、ようやく『香部屋係
のハンドブック』としてまとめることができました。本書がさらにより
よいものなって行くため、読者の皆さんのご意見をお聞かせただければ
幸いです。

最後になりましたが、このようなハンドブックの作成企画に好意を示
し、出版を受け入れてくださった教友社の阿部川直樹・えり子御夫妻を
はじめ、原稿に目を通して薦めのことばを寄せてくださった長崎教区の
髙見三明大司教、イラストを担当してくださった高崎紀子さん、また齊
藤さんの手書きの原稿をパソコンに入力してくださった竹下純加さんに
対して、心から感謝の意を表したいと思います。

2004 年 12 月 8 日（無原罪の聖マリアの祝日）聖体の年に

福岡サン・スルピス大神学院にて

改訂新版第2版に寄せて

カトリック広島教区　アレキシオ　白浜　満 司教

　教友社より本書が発行されてから、20年の歳月が過ぎました。この間、日本の教会においては、典礼秘跡省から2002年3月に出版された新しい『ローマ・ミサ典礼書』（ラテン語規範第3版）に基づく翻訳・適応の作業が進められてきました。そして、ようやく2014年5月に、典礼秘跡省からその総則の部分のみが先に認証され、さらに2021年5月には「ミサの式次第」等が認証されました。こうして日本の教会では、2022年11月27日（待降節第1主日）から、新しい「ミサの式次第」に基づく典礼が実施されることになりました。そのために、新しい『ミサの式次第（2022新版）』に掲載された新しい総則のテキストに従って、本書を改訂しなければならなくなっていました。

　この度、その機会を与えてくださり、本書の改訂新版第2版作成のための労を執ってくださった教友社の阿部川直樹様に、心から御礼申し上げます。

　本書が、各教会共同体において、典礼のための隠れた奉仕を志す方々に、実践的な知識を正確に伝える助けとなれば幸いです。そして今後とも、読者の皆様のご意見やご感想をお寄せください。どうぞ、よろしくお願いします。

　2023年12月　主の降誕の祭日に

カトリック広島司教館にて

白浜　満（しらはま・みつる）

1962 年 5 月 20 日、長崎県五島生まれ。
1990 年 3 月、福岡サン・スルピス大神学院卒業、司祭叙階。
1990 年 8 月～ 1991 年 8 月、モントリオール大神学院でフランス語を学ぶ。
1991 年 10 月～ 1995 年 3 月　パリ・カトリック学院（Institut Catholique de Paris）の典礼高等
　研究所（Institut Superieur de Liturgie）で典礼・秘跡神学を専攻し、修士号取得。
1993 年 1 月、サン・スルピス司祭会に入会。
1995 年 4 月　福岡サン・スルピス大神学院に着任。典礼学担当。
1995 年 9 月～現在　日本カトリック典礼委員会の委員。
2001 年 4 月～現在　東京カトリック神学院（→日本カトリック神学院）の典礼学講師。
2016 年 6 月 28 日　カトリック広島教区の司教の任命を受け、9 月 19 日に司教叙階。
著　書　景山あき子他共著『カトリックの信仰生活がわかる本』『わかりやすいミサと聖体の本』
　　　　（女子パウロ会）、『結婚の手続きと典礼準備のハンドブック』（教友社）ほか。『岩波キ
　　　　リスト教辞典』（岩波書店）の典礼分野の数項目を執筆担当。

齊藤賀壽子（さいとう・かずこ）

兵庫県生まれ。
1949 年から教員生活（宗教・農業）を送りながら、公会議後は小教区の宣教司牧に奉仕する。
1972 ～ 1985 年、よりよき世界運動（ＭＢＷ）推進グループチームとして教会に奉仕。
1973 ～ 1981 年までの間、東京関口小教区宣教司牧奉仕、東京大司教区聖マリア大聖堂香部屋、
　東京大司教館、カトリック中央協議会等にて勤務。
1989 年、カトリック福岡黙想の家勤務（典礼担当）。その後も典礼の奉仕を続けている。
　現在、養護老人ホーム　聖母園在。御受難修道会ファミリーメンバー。

香部屋係のハンドブック　─主よ、どこに過越の準備を─

2018 年 10 月 30 日　改訂新版
2024 年 2 月 5 日　第 2 版

著　者　白浜　満＋齊藤賀壽子
発行者　阿部川直樹
発行所　有限会社教友社
　千葉県習志野市藤崎 6 - 15 - 14
　TEL047（403）4818　FAX047（403）4819
　URL http://www.kyoyusha.com
印刷所　モリモト印刷株式会社

©2005, Mitsuru Shirahama, Kazuko Saito Printed in Japan

ISBN978-4-907991-46-3 C3016　落丁・乱丁はお取り替えします